Les incontou

CW01665769

AUVERGNE

PUY-DE-DÔME

22 balades
exceptionnelles

**Parc naturel
régional
des Volcans
d'Auvergne**

Massif du Sancy

Chamina
EDITION

Couverture : Vallée de Chaudefour. - Vivien Therme et PlusOneS/hutterstock.com/via Losange-
Vignette : marmottes. -Patrick Espel-
4e de couv. : lac de Servières (gauche) - Roches Tuilière et Sanadoire (droite). -Vivien Therme-

Estives à moutons sur les flancs de la Banne d'Ordanche. -NI-

LES BALADES

Val de Courre avec le puy Redon et au fond le pas de l'Âne. -NI-

AU FIL DU PARCOURS

D **Accès à pied du Mont-Dore par le chemin cavalier ou par navette autocar (accès possible au sommet du puy de Sancy par le téléphérique)**. Passer devant les bâtiments et monter, à gauche du téléphérique n° 1, la piste de ski qui traverse le torrent et s'élève jusqu'à la **tourbière où la Dore prend sa source**. Passer sous le pont, monter près du téléski jusqu'au carrefour du **Pan de la Grange.**

1 Virer à droite pour atteindre le **col de la Cabane**. Atteindre le **sommet du puy de Sancy**, redescendre par l'escalier jusqu'au **Pas de l'Âne** (à droite, gare du téléphérique).

2 Continuer à gauche vers le **puy Redon** puis passer un col.

3 Au col de Courre, descendre à droite le sentier du val de Courre. En bas, avant d'atteindre la route, obliquer à droite vers un bâtiment et rejoindre le point de départ.

Relief tourmenté du Val de Courre. -NI-

Le puy de Sancy

1

LE MONT-DORE

Au début de l'été, quand les pentes du Sancy sont parsemées de gentianes, d'œillets et d'anémones, le vieux volcan semble intact. Des flancs de l'énorme château d'eau sourdent la Dore et la Dogne, qui confondront leurs eaux et celles des cascades en une belle et longue Dordogne.

Un parcours de crête

À 1 885 m d'altitude, le Sancy est le plus haut sommet du Massif central. Pour l'atteindre depuis la station du Mont-Dore, un peu plus de 500 m de dénivellation sur les flancs de l'amphithéâtre de la haute vallée de la Dordogne. Cette partie nord du massif est marquée par un relief tourmenté, constitué de vallons aux versants escarpés et accidentés, comme par exemple le val d'Enfer, couloir encaissé et sauvage. Dévalant l'ensemble de ces pentes, de nombreuses cascades convergent vers la vallée du Mont-Dore pour donner naissance à la Dordogne. L'été, notamment en juillet, tout un cortège floristique accompagne le randonneur : ail de la victoire, *(Allium victorialis)*, arnica *(Arnica montana)*, anémone souffrée *(Pulsatilla sulphurea)*, lis martagon *(Lilium martago)*, grande astrance *(Astrantia major)*... pour le plaisir des yeux et l'existence de nombreux papillons et autres insectes. Il descend ensuite en direction de la station par le val de Courre. À l'écart des pentes aménagées, cette zone est favorable à la présence de mouflons, de chamois, ou de marmottes : vous entendrez peut-être le cri d'alerte de cette dernière.

Balisage : jaune

3 h 45

7 km

▼ 1 320 m

▲ 1 885 m

Dénivelée 575 m

ATTENTION : chiens interdits dans la Réserve naturelle de Chastreix-Sancy.
Circuit « exposé » : ne pas s'aventurer sur les crêtes par mauvais temps et, dans tous les cas, s'équiper de chaussures crantées et de vêtements de protection ; circuit impraticable l'hiver.

ACCÈS AU DÉPART

Parking au pied du puy de Sancy. Le téléphérique peut épargner la montée entre pistes et téléskis

INTÉRÊTS

★ Massif du Sancy • Cascades du Serpent et de la Dore

❋ entre 1 et 3 sur tout le massif du Sancy • Au sommet du puy de Sancy : table d'orientation panorama à 360°

Au pied du Sancy, la station du Mont-Dore.-NI-

Le Capucin. -NI-

Capucin et

LE MONT-DORE

AU FIL DU PARCOURS

D Du parking du **Salon du Capucin**, prendre le chemin passant à gauche du restaurant. Monter la petite route dans les bois.

1 Au refuge du Capucin, passer la clôture aménagée et suivre le chemin dans les pâturages **(hors circuit monter la sente à gauche jusqu'au sommet du Capucin. Danger : falaises vue à 360°)**.

2 Après une ancienne carrière et une barre rocheuse, franchir à gauche la clôture, puis un ruisseau pour suivre la trace toujours dans les pacages. Monter le sentier en lacets sur le flanc nord du **puy de Cliergue (vue sur la haute vallée de la Dordogne, les crêtes du Sancy, le roc de Courlande, l'Artense, les plateaux corréziens et de Millevaches)**. Le sentier reste sur la crête. Vous entrez dans une **Réserve naturelle (zone sensible).**

3 Juste après le **rocher de la Tour Carrée**, emprunter le sentier à gauche **(vue sur la vallée de la Fontaine salée, le Cézalier, les monts du Cantal)**.

4 À la plate-forme du col de Courre, descendre à gauche le sentier en lacets du val de Courre. Au **rocher du Verrou (escalade)**, suivre une trace sur la rive droite. Prendre, à gauche, la route passant le ruisseau. **Hors circuit en 4 : poursuivre à droite de la crête et du puy Redon (passage équipé d'une main courante). Après le Pas de l'Âne, aux plates-formes (tables d'interprétation géologique, faunistique et floristique), suivre le chemin aménagé jusqu'au puy de Sancy (panorama, table d'orientation). AR : 1 h 00 – descente possible par le téléphérique.**

5 Emprunter le chemin parallèle à la route et au télésiège des Longes.

6 Au parking, couper l'épingle de la route pour prendre une piste dans les bois. À Pontozy, retrouver la route, et monter à gauche le chemin des Médecins.

7 À la fourche des Rivaux-Grands, continuer de monter le chemin de gauche.

8 À l'arrivée du **funiculaire (datant de 1898)**, monter le chemin goudronné à gauche.

puy de Cliergue

2

LA TOUR-D'AUVERGNE | CHASTREIX

Une vraie balade de montagne, qui flirte avec le point culminant du département (1 885 m) et qui conjugue beauté des panoramas et richesse du milieu naturel...

Le massif du Sancy

En belle saison, effectuer l'ascension du Sancy en partant du Salon du Capucin permet d'éviter la foule du téléphérique. Après la hêtraie-sapinière du départ, un léger détour conduit au sommet du Capucin : l'ensemble du massif s'ouvre alors, avec une perspective plongeante sur Le Mont-Dore – concurrent du puy de Dôme quand il avait fallu trouver un nom au département. Dans les pelouses d'altitude qui mènent au puy de Cliergue, la flore révèle sa richesse, des fleurs fuchsia de l'œillet sylvatique aux grappes jaunes du genêt des teinturiers et aux calices gonflés des silènes. Outre ces espèces assez courantes, on dénombre dans le Sancy une dizaine d'espèces végétales exceptionnelles au niveau international, et une trentaine au plan national. C'est ce qui explique, entre autres, le classement d'un vaste secteur (1 900 ha) s'étendant à l'ouest d'une ligne puy de Cliergue – puy de Paillaret. Cette Réserve naturelle de Chastreix-Sancy illustre les contradictions entre protection de la nature et valorisation touristique : plus question par exemple d'installer de nouvelles remontées mécaniques... L'urgence est de protéger les sols des quelque 300 000 passages piétons annuels.

Balisage : vert

4 h 00

11 km

▼ 1 220 m

▲ 1 735 m

Dénivelée 636 m

ATTENTION : chiens interdits dans la Réserve naturelle de Chastreix-Sancy

ACCÈS AU DÉPART

Du Mont-Dore, monter la D 645 direction La Tour-d'Auvergne. À 2,5 km, prendre à gauche vers le Salon du Capucin.
Autre Départ Possible : du parking de la station du Mont-Dore vers le point 5.

INTÉRÊTS

★ Funiculaire du Mont-Dore (MH) • Rocher du Capucin • Puys de Cliergue, Redon et du Sancy • Val de Courre.

À proximité :

Villes thermales du Mont-Dore et de La Bourboule

★ Grande cascade du Mont-Dore • Cascades de la Dore, du Queureuilh, du Rossignolet • Banne d'Ordanche • Vallées glaciaires de la Fontaine salée

Réserve naturelle de la vallée de Chaudefour

Funiculaire du Capucin au départ du Mont-Dore. -NI-

La Grande Cascade avant le point 3. -NI-

AU FIL DU PARCOURS

D À proximité du **cimetière paysager.** Revenir vers le camping. Au panneau 5t5, prendre à gauche, puis tout droit.

1 Au panneau «Stop à 50 m», monter à gauche le chemin de Monteyroux. S'élever par un ancien sentier en lacets. Descendre la route sur 150 m, puis à gauche le chemin de **Melchi-Rose (vue sur le Sancy, le Capucin, Le Mont-Dore)**. Le suivre à flanc jusqu'à la D 36.

2 Traverser la route et prendre en face le **«Chemin de la Grande Cascade»**. Monter les escaliers à droite de la **cascade.**

3 Suivre la bordure du plateau à gauche en surplomb de la **cascade. Ne pas traverser le ruisseau**, suivre une trace montante qui s'en écarte. 700 m plus loin, obliquer à gauche en contournant le vallon pour rejoindre la route au **col de la Croix-Saint-Robert**.

4 Traverser la route et grimper en face jusqu'au **col entre le puy de Mareilh et le puy de l'Angle.**

5 À ce col, suivre à droite et monter par des lacets au **puy de l'Angle**. Continuer le **sentier des crêtes** par les **puys de Barbier, de Monne et de la Tache**. Descendre le sentier qui serpente jusqu'au **col de la Croix-Morand.**

6 Suivre à gauche la D 996.

7 600 m après le col, prendre à droite. Juste après, descendre à gauche dans des **pâturages et des plantations**. Rejoindre un carrefour à hauteur de la **ferme de La Tache**. Descendre la route de desserte jusqu'à la D 983.

8 Traverser la route et descendre presque en face un chemin. 300 m plus loin, virer à gauche, passer devant un transformateur puis couper un ru.

9 Au carrefour, prendre sur la gauche le chemin fléché vers **«Cascade du Queureuilh» (hors circuit à 400 m vers la cascade du Rossignolet : continuer tout droit et, 50 m plus loin, descendre à droite. Revenir au carrefour).**

10 Après la **cascade du Queureuilh**, le chemin débouche sur une route empierrée. **(Hors circuit à 800 m vers la cascade du Saut-du-Loup, visible en hiver seulement : monter à gauche, rejoindre la route de Clermont et la suivre à gauche sur 200 m. Revenir sur ses pas.)** Prendre à droite vers Prends-toi-Garde et revenir au Mont-Dore.

Les cascades

3

LE MONT-DORE | CHAMBON-SUR-LAC

Symboles de fraîcheur et de pureté, bruyantes et insouciantes, les cascades attirent depuis plus d'un siècle les touristes. Entre la zone urbanisée du Mont-Dore et le parcours de crête en montagnes russes, on en découvre quatre, typiques des régions volcaniques.

Balisage : vert

6 h 15

18 km

▼ 990 m

▲ 1 738 m

Dénivelée 910 m

ATTENTION : troupeaux en estives, chiens déconseillés même tenus en laisse.
Des chiens patous gardent les troupeaux de brebis. Contourner le troupeau sans courir.

ACCÈS AU DÉPART

Du Mont-Dore, suivre « La Bourboule/A 89 », puis prendre direction Prends-toi-Garde.

INTÉRÊTS

★ Grande Cascade avec ses 30 m de chute d'eau • Cascade du Queureuilh • Cascades du Rossignolet

▣ Cimetière paysager à Prends-toi-Garde

✳ Panoramas des puys de l'Angle, de la Tache, et de Monne • Massif adventif de l'Angle

⁂ Ruines gallo-romaines aux thermes

▣ Station de ski • Téléphérique du Mont-Dore.

Berger et brebis sur le plateau de Durbise

Au-dessus de la Grande Cascade, le circuit quitte la fraîcheur de la forêt et de l'eau pour aborder le domaine des estives. Du 25 mai au 25 octobre, 1 500 à 1 600 ovins occupent le plateau de Durbise, entre le puy de l'Angle et le roc de Cuzeau, et sont gardés par un berger qui vit sur place pendant ces cinq mois de l'année. Propriétaire d'un troupeau de 300 têtes environ, le berger prend d'autres animaux en pension, qui lui sont confiés par différents agriculteurs du département. Plusieurs viennent de Vernines, village situé entre les monts Dore et la chaîne des Puys. Cette petite transhumance s'effectue à pied. Le travail de surveillance est réalisé par le berger et ses chiens. La nuit, les animaux sont parqués dans de petits enclos. Le déplacement de ces parcs tous les deux ou trois jours permet de fumer efficacement les prairies de fauche situées sur le flanc du puy de l'Angle. Aux heures chaudes, les brebis se serrent les unes contre les autres pour se reposer. On dit qu'elles chôment. Observez-les de loin, les bêtes et le berger apprécieront votre discrétion.

Le Mont-Dore entouré des puys de l'Angle et de Barbier. -NI-

La Bourboule et la Dordogne. -NI-

AU FIL DU PARCOURS

D Descendre dans le **parc** et remonter le ruisseau rive droite.

1 À hauteur du parc des jeux, franchir le ruisseau sur une passerelle et suivre à droite le sentier des Investizons, en bordure des bois.

2 À un embranchement, monter complètement à gauche sur le sentier qui mène au plateau de Charlannes.

3 On débouche sur un chemin perpendiculaire. Emprunter ce chemin à gauche, passer sous le **tunnel de l'ancien funiculaire** puis tourner à droite vers le plateau de Charlannes.

4 Prendre à droite un chemin en dessous de l'ancienne gare d'arrivée des télécabines, contourner la station (ancienne gare du funiculaire). En contrebas d'un parking, remonter un petit raidillon et descendre à droite un bon chemin.

5 Quitter brusquement le chemin et descendre en obliquant à angle aigu à droite, sur une sente dans les bois.

6 Dans une boucle à l'orée du bois, on rejoint un chemin : descendre tout droit. Rejoindre le point 2 ; continuer tout droit devant les maisons puis tourner à droite dans les avenues du Maréchal-Pershing et du Funiculaire, qui ramènent au départ.

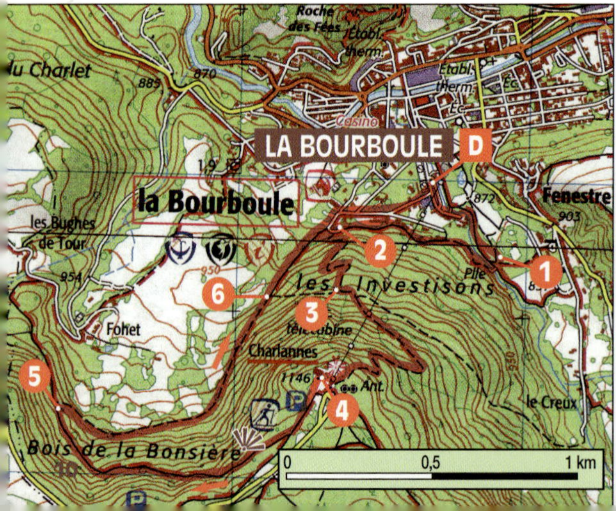

Charlannes

LA BOURBOULE

4

Pour accéder au plateau de Charlannes, il faut quitter les séquoias et le théâtre de Guignol du parc Fenestre, puis grimper par des chemins ombragés avant de redescendre vers la cité thermale, qui veut aujourd'hui jouer la carte du tourisme de santé et de détente.

Balisage : bleu

1 h 45

5 km

▼ 870 m

▲ 1 150 m

ACCÈS AU DÉPART

Avenue Agis-Ledru, devant la station des anciennes télécabines de Charlannes.

INTÉRÊTS

Du plateau de Charlannes sur la vallée de la Dordogne

Parcours boisé

L'architecture thermale de La Bourboule

Pour faciliter l'expansion du thermalisme, La Bourboule accède au rang de commune en 1875, lorsque le territoire de Murat-le-Quaire est partagé en deux. En effet, si tous les monuments de La Bourboule n'appartiennent pas directement à l'architecture thermale, ils sont tous issus de cette nouvelle activité. Les thermes Choussy, dus aux architectes parisiens Charles Dutert et Albert-Léon Claris, la ville a la chance de posséder encore la majeure partie de ses monuments des XIXe et XXe siècles : deux grands édifices marquent fortement le paysage urbain, le Grand Établissement de bains et le casino. Le premier fut édifié par Agis-Léon Ledru (1816-1885), entre 1872 et 1877. Émile Camut (1849-1905) construisit en 1892 le casino indispensable à toute station thermale. En 1928-1929, Georges Vimort (1876-1948) agrandit ce monument. Un second casino avait pourtant été édifié en 1899 par Léon Hervey-Picard (né en 1866), mais cet édifice sert aujourd'hui de mairie.

Les thermes Choussy et église Saint-Joseph . -NI-

La Banne

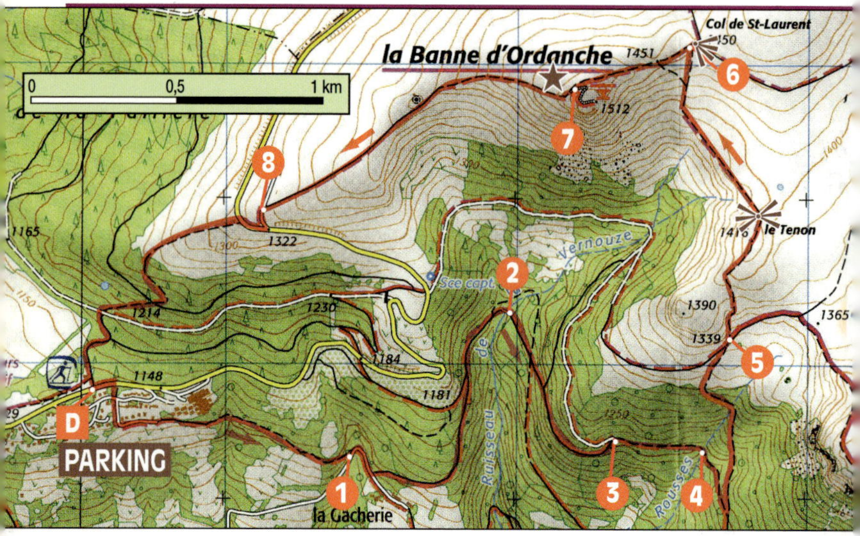

AU FIL DU PARCOURS

D Du parking descendre vers le **village de vacances**. Couper la route, prendre en face un chemin.

1 Remonter sur une route à gauche. 50 m après, prendre à gauche un chemin, et immédiatement un autre à droite. Continuer tout droit en laissant un sentier sur la droite ; après 100 m environ, à l'intersection, prendre le chemin qui descend à droite.

2 Traverser un ru, le chemin remonte en longeant une plantation de sapins puis débouche sur un grand chemin. Dans un virage, l'emprunter en montée à gauche.

3 Au croisement de grands chemins, prendre complètement à droite.

4 Interruption brusque du grand chemin. Descendre un sentier, franchir le **ruisseau des Rousses,** puis 2 autres. Ensuite, virer à gauche, puis continuer direction « Lac de Guéry ».

5 Au carrefour du Vieux Loup, suivre un sentier direction «Banne d'Ordanche». S'élever sur le Tenon et rejoindre une clôture. La longer à gauche et gagner le col Saint-Laurent.

6 Au col, prendre à gauche le sentier vers la Banne d'Ordanche.

7 Monter au **sommet de la Banne d'Ordanche** par les marches. Puis redescendre et suivre une trace herbeuse en direction d'une antenne relais.

8 On arrive au parking en bordure d'une route à suivre à droite sur 50 m environ. Puis franchir un portillon et descendre un sentier à gauche dans Murat-le-Quaire. À hauteur du bois de sapins, obliquer légèrement à gauche, passer une clairière et suivre le chemin qui descend dans le bois. Laisser les chemins de gauche et de droite et rejoindre le départ.

d'Ordanche

MURAT-LE-QUAIRE

5

Un circuit pour faire l'ascension de la Banne d'Ordanche en parcourant le plateau du Guéry.

Balisage : jaune

3 h 00

9 km

▼ 1 070 m

▲ 1 512 m

Dénivelée 445 m

Panorama de la Banne d'Ordanche.
Devant soi s'étalent les prairies d'altitude de la Banne d'Ordanche qui se prolongent à l'est sur le massif de l'Aiguiller. Ces deux ensembles résulteraient de centres éruptifs distincts. Ces vastes étendues herbeuses sont, en été, destinées à l'estive des bovins, et, en hiver, parcourues par les skieurs de fond. Au sud-est, on aperçoit le massif Adventif, sur lequel se détachent les puys de l'Angle et de la Tache. Il se compose de quelques dômes et dômes-coulées, et constitue l'unité géologique la plus récente du massif des monts Dore. Au sud-sud-est, le panorama prend de l'altitude avec la partie centrale du massif du Sancy. Le relief, toujours d'origine volcanique, est beaucoup plus déchiqueté. Ce secteur est très représentatif de ces grandes structures appelées strato-volcans, où l'érosion est très active : le squelette de l'édifice est mis à nu, révélant les anciens conduits d'alimentation en magma. Au pied du Sancy prend naissance la haute vallée de la Dordogne, au bord de laquelle sont suspendus le Ténon et le puy Gros, qui cache Le Mont-Dore.
La Bourboule se distingue très bien, elle est dominée par les versants et les plateaux boisés de conifères. Sur la partie est du massif, les sapins dominent sur les versants froids (Charlannes). Les hêtres préfèrent les versants méridionaux (sous la Banne d'Ordanche).

Murat-le-Quaire. -NI-

Vue sur la Banne d'Ordanche. -NI-

ACCÈS AU DÉPART

À Murat-le-Quaire, prendre direction « La Banne d'Ordanche ». Dépasser le lac et se garer en bout du parking vers le chalet de la Banne.

INTÉRÊTS

★ La Banne d'Ordanche, piton basaltique (alt. 1 512 m)

✳ Panoramas du Tenon et de la Banne d'Ordanche (table d'orientation)

▣ Aéromodélisme sur le site de la Banne

Roches Tuilière

Lac de Guéry et massif du Sancy. -NI-

AU FIL DU PARCOURS

D Du parking, prendre le sentier en descente, vers la **roche Sanadoire**.

1 100 m plus loin, au col, descendre à gauche un sentier jusqu'à la route de Rochefort Montagne.

2 Prendre à 15 m à gauche un sentier en sous-bois. 250 m plus loin, virer à droite pour descendre à la route en suivant un ru à main gauche.

3 Traverser la D 80 et poursuivre par un chemin forestier entre les **roches Tuilière et Sanadoire.**

4 Au pied d'un éboulis, ne pas traverser le ruisseau mais continuer à droite par un large chemin.

5 À la patte-d'oie, continuer sur la droite, en montant vers Douharesse.

6 Le traverser en laissant les chemins à gauche.

7 Emprunter la D 27 à droite. À 250 m, devant la **ferme Chez-le-Poulou**, prendre à droite.

8 Passer à droite de la **ferme La Montagne-du-Cros**, le chemin mène au bois.

9 À l'entrée du bois, quitter le chemin forestier pour une sente à gauche. 200 m après, virer à droite sur un sentier dans le bois. On rejoint une piste que l'on suit à droite. 200 m plus loin, poursuivre en face. Couper une piste forestière et, au **pied de la roche Sanadoire**, rejoindre le parking à 100 m à gauche.

Roches Tuilière et Sanadoire. -NI-

et Sanadoire

ORCIVAL

6

Émergeant de la hêtraie du Guéry, les deux pitons rocheux Tuilière et Sanadoire encadrent la vallée comme deux sentinelles, offertes à la contemplation sous des angles variés, au cœur de la vallée glaciaire de Fontsalade.

Les roches Tuilière et Sanadoire

Longtemps considérées comme une formation unique recoupée par la vallée glaciaire après sa mise en place, les deux protrusions phonolitiques de la roche Tuilière et de la roche Sanadoire se sont révélées être d'âges différents mais aussi de compositions chimiques différentes bien que toujours phonolitiques. Chacune de ces deux laves a sa particularité : la roche Tuilière présente un débit en dalles («tuile») bien caractéristique, tandis qu'avec une loupe et un peu de patience on peut observer dans la lave de la roche Sanadoire un petit minéral bleu : la haüyne. Sur la première apparaissent des colonnes prismatiques de trachyte, disposées en gerbes rayonnantes. La seconde, portait en son sommet un château qui, jusqu'au XVe siècle servit de refuge aux routiers terrorisant la contrée durant la guerre de Cent Ans. Il peut paraître surprenant que Sanadoire ait pu supporter une forteresse, même de dimension modeste. On peut supposer qu'un ébranlement a diminué de beaucoup sa surface et son sommet. Le tremblement de terre de 1477 en est peut-être responsable, lui qui secoua si violemment la région, endommageant gravement l'église romane d'Orcival. Cette secousse fut suivie d'une autre, plus forte encore, en 1490.

Balisage : bleu

1 h 45

6,5 km

▼ 1 015 m

▲ 1 240 m

Dénivelée 300 m

ATTENTION : accès dangereux à la roche Tuilière.

ACCÈS AU DÉPART

Parking sur la D 983, 100 m après le carrefour avec la D 27 venant d'Orcival, en direction du Mont-Dore.

INTÉRÊTS

★ ⚒ Roches phonolitiques : Tuilière (accès dangereux) et Sanadoire • vallée glaciaire de Fontsalade

❋ Sur les deux roches.

Fabrication de la fourme de Rochefort dans plusieurs fermes

Entre 3 et 5 autre PR balisée en jaune

À proximité :

★ Lac de Guéry • Lac de Servières

Église romane d'Orcival

Lac de Servières et

Moutons au col de l'Ouire. -NI-

AU FIL DU PARCOURS

D Du parking, emprunter le chemin vers le panneau d'information. À la fourche prendre à droite, et à 100 m du **lac** virer à droite et de suite encore à droite sous-bois. Continuer tout droit jusqu'à un croisement avec une large piste.

1 La couper et suivre le chemin en face en légère descente **(vue sur puys de l'Ouire et de l'Aiguiller)** dans la forêt de Train. Passer un 1er ruisseau ; à celui de Fontgrande poursuivre dir. col de l'Ouire. Plus loin laisser un chemin à gauche et continuer jusqu'à un car. très ouvert.

2 Monter à gauche. Après 2 virages gagner un car. et prendre à droite. Plus haut sortir de la forêt sous le **puy de l'Ouire** et atteindre le col de l'Ouire **(vue au sud massif du Sancy, ouest plateau du Guéry, nord chaîne des Puys)**.

3 Franchir la clôture par l'escabeau et monter le sentier dir. **Lac de Servières**. S'élever et gagner le plateau de l'Aiguiller **(vue sur forêt de Train, chaîne des Puys, massif du Sancy)**. Descendre le sentier et rejoindre la forêt.

4 À l'orée de la forêt, laisser un chemin à gauche et continuer le sentier entre lisière de bois et prairie. Suivre la clôture **(vue sur chaîne des Puys, puy de l'Ouire)**.

5 En bout franchir un escabeau et descendre raide à droite en prairie. En bas franchir un autre escabeau à gauche, puis longer les arbres, **vue chaîne des Puys**. Descendre et rejoindre le **lac de Servières**, faire le tour par la droite ou la gauche au plus près des berges. À l'extrémité suivre le chemin en face et revenir au parking.

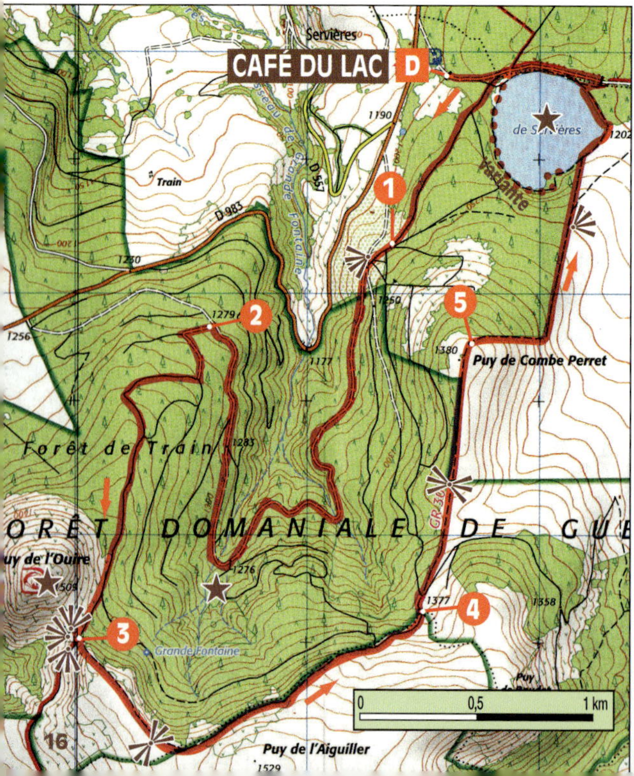

col de l'Ouire

7

ORCIVAL

Un circuit tout en contraste, entre forêt et milieu très ouvert des pâturages d'estive. Dans la deuxième moitié de l'itinéraire le panorama sur 360° est ouvert sur le Massif du Sancy, la Chaîne des puys, le plateau du Guéry et la Banne d'Ordanche.

Au col de l'Ouire. -NI-

Étranges trac(e)s.
Entre les points 4 et 5, on traverse une zone où s'alignent de nombreuses petites dépressions recouvertes par l'herbe : il s'agit des vestiges d'anciens burons. Premiers habitats temporaires des estives, ces tras ou tracs étaient des cavités recouvertes d'un assemblage de bois supportant une toiture faite de matériaux légers et périssables (chaume, branchages, mottes de terre). En raison de leur mode de construction et de la rigueur du climat, leur durée de vie était brève ; aussi faisaient-ils l'objet de fréquentes reconstructions et de déplacements, d'où leur multiplication.

Balisage : D à 3 panneaux jaunes et balisage orange de 3 à D blanc-rouge

3 h 30

11,5 km

▼ 1 200 m

▲ 1 500 m

Dénivelée 350 m

ACCÈS AU DÉPART

Sur la D 983 en direction du Mont-Dore, face au Café du Lac, monter le chemin. Se garer sur le parking

INTÉRÊTS

★ Lac de Servières • Puy de l'Ouire • de l'Aiguiller

❋ Panorama Massif du Sancy • Plateau du Guéry • Chaîne des Puys

Pâturages d'estive de vaches et de moutons

À proximité :

Église romane d'Orcival

★ Site des Roches Tuilière et Sanadoire • Lac de Guéry

Lac de Servières. -NI-

Autour de Mareuges. -NI-

AU FIL DU PARCOURS

D Au départ, monter un large chemin à droite. Monter tout droit jusqu'au croisement du Col.

1 À hauteur du puy de Monténard, prendre en face et descendre dans un large virage à gauche. Traverser le **ru de Labadeau** et remonter à droite.

2 Prendre toujours à gauche, en laissant tous les chemins qui mènent à Saulzet-le-Froid à droite. Dépasser la **tombe** et continuer le chemin tout droit au-dessus du vallon.

3 Monter le chemin à droite, et tourner à gauche au carrefour suivant.

4 Au croisement de chemins, prendre à gauche jusqu'à Pessade. Dans Pessade, prendre à gauche, passer devant le gîte et monter tout droit jusqu'à l'**abreuvoir**.

5 Sortir du village en suivant le chemin sur le flanc sud du bois de Pessade.

6 Traverser le ru de Labadeau, monter la côte du puy de la Védrine.

7 Franchir une clôture, s'engager dans le bois et continuer tout droit sur le flanc ouest du **puy de Baladou**.

8 Quitter le chemin, en prenant à angle vif un chemin serpentant à gauche. Il descend dans la **haute vallée de la Monne**, en contournant le **puy de Baladou** par le sud.

9 Au carrefour, avant le rocher, descendre à droite, traverser la Monne, remonter à droite par le chemin tournant à travers bois.

10 Le chemin atteint la crête et s'engage dans le bois : longue traversée du **bois de Mareuge** en suivant le chemin tout droit.

11 Dans une clairière, on débouche sur une première patte-d'oie que l'on traverse tout droit. À la seconde, prendre à gauche (ne pas aller jusqu'à la route). À gauche, descendre une sente en pente raide, dans les genêts. Traverser **la Monne** et remonter le chemin jusqu'à Mareuge.

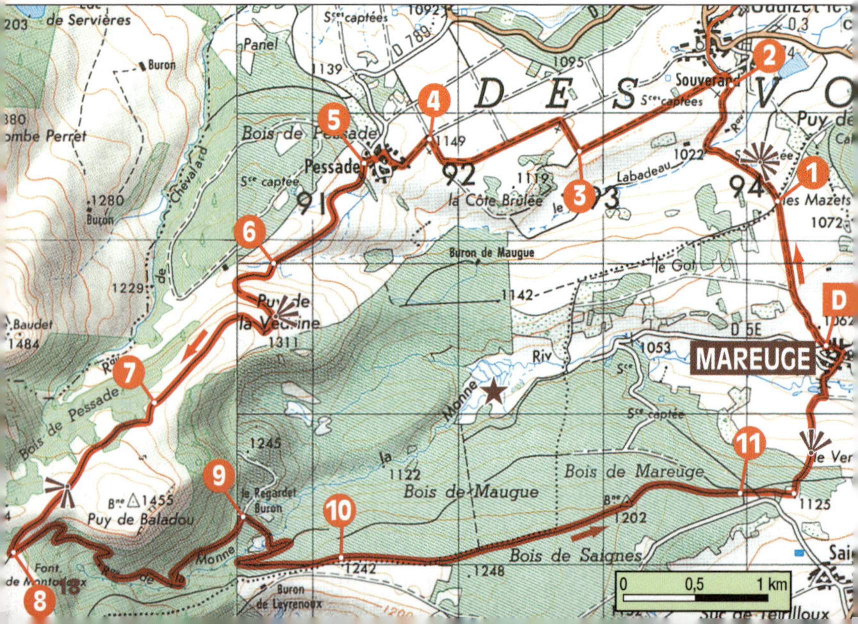

Puy de Baladou

SAINTE-MARGUERITE | SAULZET-LE-FROID

8

Sur les contreforts septentrionaux du Sancy, cette longue balade évolue à travers les estives, la haute vallée de la Monne et la belle pessière de Pessade. Autour, les villages se resserrent, tandis que, des puys de Baladou et de la Védrine, la vue porte sur les Dôme et le Sancy.

Vie pastorale et habitat temporaire

Dans toutes les montagnes, l'activité pastorale d'altitude a nécessité un habitat temporaire. Dans les monts Dore, les estives sont marquées par ce phénomène : du sommet du puy de la Védrine, en observant attentivement les pâturages du nord et du nord-ouest, sous le puy de Combe-Perret, on remarque un grand nombre de cavités alignées selon les courbes de niveau, creusées à même le sol et rehaussées par un léger bourrelet. Ce sont les vestiges des anciens burons, appelés «tras».
La construction était relativement simple. Des trous étaient creusés, les déblais servaient à relever les bords. Cet habitat était couvert de branchages, de feuillages, de mottes de terre. Plusieurs cavités jointives étaient ainsi constituées, chacune ayant une fonction (logement, bêtes malades, matériel, production laitière...). On peut être surpris par une telle concentration : leur nombre s'explique par leur fragilité. De nouveaux abris étaient régulièrement reconstruits. À partir du XVIIIe siècle, les tras sont remplacés progressivement par des burons maçonnés.

Le bourg de Saulzet-le-Froid. -NI-

Balisage : vert

5 h 45

19 km

▼ 1 022 m

▲ 1 420 m

Dénivelée 500 m

ATTENTION : troupeaux en estives, chiens déconseillés même tenus en laisse.

ACCÈS AU DÉPART

En entrant par la D 5 à Mareuge, prendre à droite, traverser la place en laissant l'abreuvoir et la petite église à gauche, et sortir du village. Ne pas stationner dans le village. Parking possible sur le terre-plein triangulaire à la sortie de Mareuge.

INTÉRÊTS

★ Haute vallée de la Monne

❋ Sur la chaîne des Puys • Puys de Monténard, de l'Enfer et le Sancy

✝ Croix de la Tombe entre 3 et 4

À proximité :

★ Lac de Servières • Narse d'Espinasse

Mareuge. -NI-

Les grottes

AU FIL DU PARCOURS

D À 50 m du parking, gravir les escaliers à gauche, puis virer à droite dans la ruelle **(sarcophages)** menant sur la place de l'église. Se diriger vers la mairie. Descendre la première rue à gauche, prolongée par un chemin. Passé le ru, remonter à droite.

1 À la clairière **(bosquet de pins)** suivre le chemin à gauche. Celui-ci se rétrécit et entre dans des pacages.

2 100 m après la croix, entrer à droite dans les pins. La trace longe un **pierrier** et traverse des prés (respecter ces lieux).

3 À l'intersection, monter à droite le bon chemin.

4 Au carrefour **(hors circuit à gauche : menhir à 100 m à gauche à la patte-d'oie, dolmen à 250 m à droite à la patte-d'oie),** tourner à droite, grimper sur le **puy de Châteauneuf** et redescendre par les escaliers et le sentier en lacets jusqu'au point 1. Regagner la place de l'église par l'itinéraire de l'aller.

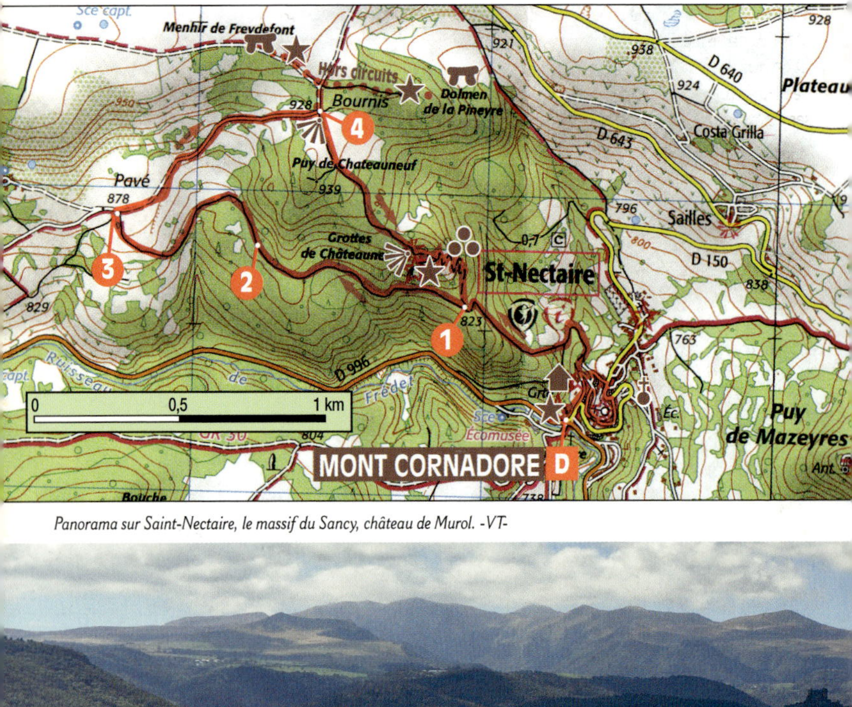

Panorama sur Saint-Nectaire, le massif du Sancy, château de Murol. -VT-

de Châteauneuf

9

SAINT-NECTAIRE

En sous-bois ou à découvert, ce circuit évolue sur des pentes envahies par la lande, les taillis et les genévriers, entre les eaux tumultueuses de la couze Chambon et la belle église romane de Saint-Nectaire.

Balisage : bleu

1 h 30

5 km

▼ 750 m

▲ 939 m

Dolmen et thermes de Saint-Nectaire

Saint-Nectaire *« capitale du mégalithisme »* (F. Surmely), possède un ensemble très riche de six mégalithes, quatre dolmens et deux menhirs. Le dolmen du Parc est imposant avec sa table de couverture (3,50 x 2 m sur 0,70 m d'épaisseur, 13 tonnes), ses quatre orthostates et sa dalle de chevet. Il faudrait voir aussi le dolmen du palet de Roland, au nom légendaire, puisque Roland aurait joué avec ce palet de plusieurs tonnes ! Enfin, on peut supposer l'existence de bains romains, bien qu'aucune découverte archéologique ne les atteste, sauf peut-être ces auges de la grotte du mont Cornadore qui auraient pu servir aussi au fromage ou à la teinturerie.

Église Saint-Nectaire. -VT-

ACCÈS AU DÉPART

Du parking près des grottes du mont Cornadore, à Saint-Nectaire, prendre la direction de Saint-Nectaire-le-Haut.

INTÉRÊTS

- ★ Puy de Châteauneuf
- ❋ Sur le puy de Bessoles, Murol, le Sancy et la vallée de Chaudefour
- Dolmen et menhir (hors circuit)
- Château entre 4 et 5
- Église de Saint-Nectaire
- Troglodytes sur le puy de Châteauneuf.

À proximité :

- ★ Cascade de Saillant
- Château de Murol

Four à pain à Groire. -NI-

AU FIL DU PARCOURS

D Sortir du parking et prendre en face D 678 dir. Jassat, puis 1re à gauche dir. Roche Romaine **(vue sur château de Murol)**. Au 1er car. suivre chemin en face, au suivant prendre à gauche, puis la route à droite sur plus de 100 m.

1 Suivre le chemin à droite dir. R. Romaine. Longer le ruisseau, plus loin au car. prendre à gauche **(vue sur massif du Sancy)**. Monter et gagner la route à suivre à droite en virage.

2 Au car. suivre D 619 à gauche. Au 1er virage prendre le chemin en face, et s'élever. Dans un virage aller à gauche.

3 Au 3e pylône prendre un sentier à gauche vers un **panorama (St-Victor-la-Rivière, massif du Sancy, lac Chambon, dent du Marais, village et château de Murol)**, revenir et continuer chemin à gauche. Tjrs en face, rejoindre un croisement **(vue nord : chaîne des Puys ; est : Livradois-Forez ; sud : Sancy)**, et descendre dir. R. Romaine sur 150 m.

4 Descendre le sentier à gauche. Gagner un chemin à suivre à droite **(abri souterrain)** et rejoindre le haut du hameau de Roche-Romaine. Continuer en face dir Groire, passer le virage **(vue sur chaîne des Puys, val d'Allier et Livradois-Forez)** et descendre tjrs en face sous-bois.

5 En bas, au car. aller vers hameau de Groire **(toiture en lauzes, four banal)**. Franchir la rivière, aller en face dir. Bladier, longer le camping et au stop prendre route en face. Continuer sur chemin au dernier chalet.

6 En bout au car. virer à gauche **(vue sur château médiéval)**. Le chemin devient route, au car. la suivre à droite, franchir la **couze Chambon** et au car. prendre Murol par la gauche.

7 Franchir de nouveau la rivière et prendre à droite. Monter, au cimetière aller à droite, longer l'**église**, après la place prendre à droite, puis à gauche rue Jassaguet et revenir parking de l'OT.

Roche-Romaine

10

MUROL SAINT-VICTOR-LA-RIVIÈRE

Dans un secteur riche en particularités géologiques (Roche-Romaine, petits cônes de la coulée de lave du Tartaret), le plateau de Bessoles offre de larges vues sur la plaine de Jassat et le massif du Sancy.

Le volcan Tartaret et le lac Chambon

Recouvert d'une hêtraie, le Tartaret est situé entre le village de Murol et le lac Chambon. Ce volcan fait partie des quelques cônes de scories d'âge récent qui se sont installés dans le massif des monts Dore, beaucoup plus ancien. L'édification du volcan au milieu de la vallée a permis la création du lac par un phénomène de barrage naturel du cours d'eau, la couze de Chaudefour. Cette partie de la vallée est une ancienne auge glaciaire.
En observant le site, on remarquera que le lac atteint partiellement la base du volcan. En effet, un glissement de terrain postérieur à l'activité volcanique a comblé une partie du lac, renforçant ainsi ce barrage pré-existant.
Il résulte de cet effondrement la formation d'un cirque, aux parois rocheuses abruptes (la dent du Marais). Le lac, qui mesure à peine plus d'1 km de long de nos jours, a atteint 5 km et s'étendait dans la plaine de Voissière, au-dessus de Chambon. D'après les documents cadastraux, le lac a perdu 8 ha entre 1825 et 1974. Actuellement, sa profondeur est de 5 m environ. Le comblement se fait naturellement par les alluvions apportées par la couze de Chaudefour.

Vue sur le masif du Sancy, le lac Chambon, Dent du Marais, Murol et le château au point 3 du circuit. -NI-

Balisage : jaune

3 h 15

11 km

▼ 813 m

▲ 1 030 m

Dénivelée 275 m

ACCÈS AU DÉPART

Parking de l'office de tourisme à Murol.

INTÉRÊTS

★ Panorama sur le château de Murol • Lac Chambon • Massif du Sancy • Chaîne des Puys • Livradois-Forez.

Groire : maison traditionnelle couverte en lauzes, four banal

À proximité :

Murol : château médiéval

Musée de l'École des peintres de Murol

★ Lac Chambon

Saint-Nectaire : église romane, dolmen

Lac Chambon. -NI-

AU FIL DU PARCOURS

D Du parking, emprunter la **passerelle sur l'exutoire du lac et longer la plage, vue sur puy de l'Angle et col croix St-Robert.** Au poste de secours, prendre à gauche dir. Murol. Suivre cette route jusqu'au croisement de chemins.

1 À **Pré de Paul**, suivre chemin dir. Tartaret. À la prochaine fourche prendre à droite, au panneau Tartaret, aller en face dir. Murol. Descendre des escaliers, en bas à la fourche continuer à gauche sous-bois. Suivre la route à gauche et de suite descendre des escaliers à droite, en bas suivre rue à droite dans Murol. Descendre à droite de la poste, franchir **pont sur la couze Chambon**.

2 Au stop prendre à droite, et devant **Maison des peintres** aller à gauche dir. château. Monter, virer à droite dir. Ferréol. Au pied du **château** prendre à gauche dir. Fougère, juste après laisser chemin de gauche et continuer tout droit.

3 À la fourche monter à gauche. Suivre la route à droite et de suite monter sentier à gauche dir. **lac Chambon**. En sous-bois, continuer en face, franchir 2 clôtures avec escabeaux, puis en balcon **(panorama lac Chambon, dent du Marais, massif du Sancy).**

4 Au car. la Garde **(vue sur Beaune-le-Froid)**, prendre à gauche dir. **lac Chambon**, et à 50 m garder la dir. Continuer en bordure de prairie, puis de falaise **(vue sur château et village de Murol)**. Au panneau **Dent du Marais**, suivre la Mouta. Passer à côté d'un rocher **(vue lac et Sancy)** et continuer.

5 Au 1er car. descendre à gauche, au 2e rester à gauche, et à la Mouta aller dir. **lac Chambon**. Descendre route en face. Au car. Roche Blanche, descendre chemin en face.

6 Couper la route et suivre en face, puis emprunter sentier dir. plage Est. **(vue sur col de Croix St-Robert)**. Longer **le lac** sur sentier aménagé et regagner le parking.

Lac Chambon

CHAMBON-SUR-LAC

11

De la plage de montagne du lac Chambon, le circuit mène au volcan strombolien du Tartaret, à la butte basaltique de Murol couronnée d'une citadelle commandant toute la vallée de la couze Chambon, puis à la dent du Marais et au panorama reposant qu'elle offre sur le Sancy et la région de Saint-Nectaire.

Le château de Murol

Miraculeusement sauvé au XIXe siècle d'une destruction certaine lorsqu'il servit de carrière au voisinage, le château de Murol est le résultat de travaux qui se sont succédé au cours du Moyen Âge et au-delà sur un emplacement légendairement réputé comme oppidum romain. Remontant sans doute au XIIe siècle pour ses parties les plus anciennes, il se dresse sur un dyke basaltique particulièrement approprié. L'architecte Pierre Celeyrol y fit d'importants travaux au XVe siècle pour Guillaume de Murol, et, au XVIe siècle, le fier donjon fut complété d'un corps de logis beaucoup plus résidentiel. Des courtines, la vue embrasse un paysage inoubliable. Au nord, une tour circulaire très massive fortifie le point le plus faible. À ses pieds, une chicane complexe renforce encore le dispositif avec deux portes fortifiées devant une troisième donnant enfin accès à la cour, qui ouvre sur un promenoir, la salle des chevaliers, les cuisines, la boulangerie et les habitations.

Le château de Murol dressé sur son dyke. -NI-

Balisage : bleu

2 h 15

7,5 km

▼ 875 m

▲ 1 075 m

Dénivelée 275 m

ATTENTION : prudence dans le secteur de la dent du Marais, ne pas s'approcher du bord de la falaise. Risque de chute mortelle.

ACCÈS AU DÉPART

Depuis Murol aller dir. lac Chambon. Au rond-point aller dir. plage de Murol (côté est du lac). Se garer sur le grand parking.

INTÉRÊTS

★ Lac Chambon • Dent du Marais

Musée de la Maison des peintres de Murol

Château de Murol

Panorama sur le massif du Sancy

À proximité :

Église romane de Saint-Nectaire

Réserve naturelle de la Vallée de Chaudefour

Village de Besse-en-Chandesse

Cascade de Voissière à proximité de Chambon-sur-Lac. -NI-

La couze

AU FIL DU PARCOURS

D De la place de Chambon-sur-Lac, prendre la rue en sens interdit. Obliquer aussitôt à droite, traverser le pont. Rejoindre la route. À quelques mètres à droite, prendre en face un chemin qui monte à la D 36.

1 Traverser la route, monter un raidillon avant d'obliquer sur la droite pour suivre un chemin qui s'élève en surplomb du village.

2 Le chemin oblique à gauche, traverse un ru, vire à gauche puis à droite.

3 On débouche dans une grande prairie. Obliquer complètement à gauche : suivre le bord du plateau puis une clôture. Continuer à monter pour rejoindre une petite route à l'ouest de Champsiaux. L'emprunter à gauche.

4 Emprunter la D 996 à gauche jusqu'à Bressouleille, où l'on pénètre par la seconde voie d'accès à droite. Quitter le village par un large chemin.

5 Le chemin contourne un vallon et vire à droite en s'élevant.

6 Obliquer à gauche pour revenir vers le vallon du **ruisseau de Dyane**.

7 Traverser le ruisseau et obliquer à gauche. On rejoint les **fermes d'Intérioux**. Passer devant la première et derrière la seconde.

8 Après la deuxième ferme, prendre à droite. Le chemin traverse un ru et rejoint le hameau de Surains-Haut.

9 Descendre après les maisons.

10 Laisser Surains-Bas à gauche et poursuivre tout droit.

11 À l'extrémité du plateau, descendre, passer devant une **cascade**. 200 m plus loin, longer un muret de pierres. On traverse le bois.

12 Traverser la **Couze Surains**, monter en face à travers bois.

13 Continuer entre une prairie et la lisière des résineux. Descendre à droite rejoindre la D 36E. Traverser le goudron et prolonger en face jusqu'au **hameau des Angles**.

14 Passer entre les bâtiments agricoles, puis, à hauteur d'une **croix**, descendre un bon chemin empierré.

15 Au-dessus du village, continuer par le chemin de gauche. Franchir le **ruisseau de Dyane** et suivre à droite la petite route qui ramène à Chambon.

de Surains

CHAMBON-SUR-LAC

12

Entre granite et lave, de forêts de pins en prairies de fauche, ce parcours de moyenne montagne traverse Bressouleille et son plateau aéré où l'on produit du saint-nectaire, avant de plonger dans l'entaille boisée de la couze de Surains.

Balisage : vert

4 h 15

11 km

▼ 890 m

▲ 1 190 m

Dénivelée 470 m

Au fil de la balade

Au-dessus de Chambon, les pins sylvestres peuplent les versants les mieux exposés. Cet arbre a été abondamment planté au siècle dernier. Depuis, il s'est rapidement développé, notamment sur les sols rocheux et siliceux. Lorsque le sentier débouche sur le plateau, le paysage change radicalement. Nous voici à la limite entre terrains granitiques et volcaniques. De meilleures conditions pédologiques et topographiques ont favorisé le maintien de l'activité agricole. L'ensemble du plateau est alors occupé par des prairies de fauche et des pâturages. Les exploitations agricoles des hameaux de Bressouleille et de Surains ont basé leur activité sur la production laitière et la fabrication de saint-nectaire fermier. À plus de 1 000 m d'altitude, les conditions climatiques sont parfois très rudes. L'orientation de l'habitat est de ce fait très importante. Les maisons de Bressouleille et de Surains présentent la même implantation : adossées au versant froid, parallèlement aux courbes de niveau, elles présentent leur façade au sud-est. Plus haut, les pentes du massif de l'Angle sont utilisées comme estives, ou pâturages d'été (on aperçoit quelques burons sur les hauteurs).

ACCÈS AU DÉPART

Parking sur la place, au centre de Chambon-sur-Lac.

INTÉRÊTS

Sur lac Chambon, château de Murol, massif du Sancy et vallée de Chaudefour

Église romane de Chambon • Chapelle funéraire romane dans le cimetière • Croix du XVIe s. sur la place de l'église

À proximité :

★ Lac Chambon (plage aménagée) • Vallée de Chaudefour • Cascade de Voissière.

Église romane Saint-Étienne à Chambon-sur-Lac. -NI-

La chapelle funéraire de Chambon-sur-Lac située dans le cimetière date du XIIe siècle, a fait l'objet d'un classement au titre des Monuments historiques. -NI-

La vallée

Chambon-sur-Lac. -NI-

AU FIL DU PARCOURS

D En bout de route, le parking de Chambon-des-Neiges. Derrière les bâtiments, prendre à gauche un chemin en lisière du bois**.**

1 Avant un virage serré, franchir une barrière et descendre dans le bois. On passe à proximité de la route, le sentier débouche sur un chemin ; suivre le sens interdit et rester en lisière du bois.

2 Suivre le large chemin à droite. En bout dans l'**ancien cirque glaciaire**, aller à gauche en prairie. Franchir une passerelle. À la lisière du bois, prendre à gauche le chemin. D'abord en pente douce puis forte, il rejoint les crêtes par des lacets.

3 Sortir du bois et continuer à monter.

4 Sur le plateau continuer le sentier à droite **(vue à droite sur la vallée et la dent de la Rancune, à gauche, en direction du Cézalier et du massif du Cantal)**.

5 Franchir une clôture et monter en face.

6 Quitter le chemin caillouteux et poursuivre sur un sentier entre le **puy de la Perdrix** et l'à-pic de la **vallée de Chaudefour**. Passer sous l'arrivée du télécabine et le sommet du **puy de la Perdrix**. À un collet prendre un peu à gauche. Peu après monter raide un sentier à droite. Revenir en crête et la suivre jusqu'au **col de la Cabane (AR en face vers le puy de Sancy)**.

7 Au **col de la Cabane**, descendre à droite. Passer sous le téléski et gagner le carrefour du Pan de la Grange. Prendre le sentier à droite. Le suivre en crête **(vue sur Chaudefour, le Mont-Dore, la Banne d'Ordanche)** jusqu'à rejoindre le puy des Crebasses.

8 Descendre à droite en crête qui borde le **cirque de Chaudefour.**

9 Prendre à gauche le sentier qui s'éloigne de la crête. Franchir une cloture, continuer à descendre pour rejoindre un plateau.

10 Ne pas suivre un sentier qui part à droite vers Chaudefour et continuer en face. Peu après ne pas suivre le chemin en face et descendre celui de gauche en lacets.

11 Sur le replat, suivre à droite le chemin en pente douce. Ensuite le chemin à gauche ramène au départ.

de Chaudefour

CHAMBON-SUR-LAC | LE MONT-DORE

13

Sanctuaire inviolé, Chaudefour, l'une des trois vallées glaciaires rayonnantes du massif, est réputée pour sa flore alpine ainsi que pour les deux dykes acérés de la dent de la Rancune et de la crête du Coq. Le sentier débouche en apothéose sur le puy de Sancy, sommet du Massif central.

La Réserve naturelle de Chaudefour

Site classé en 1960, la vallée de Chaudefour est devenue une Réserve naturelle en 1991. La beauté de ses paysages, ses richesses floristiques, fauniques, géologiques et son accessibilité en ont fait depuis longtemps un site très fréquenté. Mais, si la loi appliquée aux sites classés permettait de réglementer les aménagements, elle était mal adaptée à la protection des espèces animales et végétales. C'est pourquoi la Réserve a été créée en 1991. Une Réserve naturelle permet notamment de protéger l'ensemble du patrimoine naturel par l'application d'une réglementation adaptée au site et par la détermination d'un plan de gestion écologique, de contrôler la fréquentation par des actions d'animation et d'information. Une convention a été passée entre l'État et le Parc naturel régional des Volcans d'Auvergne, ce dernier étant chargé de la gestion de la Réserve. Plusieurs actions de protection et de mise en valeur du site ont été menées, comme par exemple l'ouverture de la maison de la Réserve de Chaudefour, lieu d'information et d'exposition installé à l'entrée de la vallée.

Balisage : vert

5 h 30

15 km

▼ 1 150 m

▲ 1 850 m

Dénivelée 915 m

ATTENTION : chiens formellement interdits dans la Réserve naturelle de Chaudefour.

ACCÈS AU DÉPART

En bout de route, parking de Chambon-des-Neiges.

INTÉRÊTS

★ Vallée glaciaire de Chaudefour, classée Réserve naturelle • Puys Ferrand (1 854 m) et de Sancy (1 885 m) hors circuit

✳ Sur la chaîne des Puys, les monts Dore, le Cantal, l'Artense et le Cézalier, et par temps clair, jusqu'aux Alpes du nord • Tables d'orientation sur les crêtes

⚒ Sources minérales au chalet Sainte-Anne • dykes de la dent de la Rancune et de la crête du Coq

✿ Flore alpine (cueillette interdite)

M Maison de la Réserve naturelle de Chaudefour

À proximité :

★ Lac Chambon

Besse

La vallée de Chaudefour. -NI-

Vipérine. -NI-

La forêt

AU FIL DU PARCOURS

D Descendre le terre-plein et prendre le chemin à gauche du bâtiment.

1 Au carrefour, laisser le **monument** à gauche et descendre à droite.

2 Le chemin arrive sur une clôture. Prendre à droite puis, 30 m après un virage à droite, suivre un sentier à gauche à travers les framboisiers. On retrouve un vieux chemin encombré par la végétation, qui descend dans la forêt et tourne ensuite vers la gauche en se dégageant.

3 Continuer à descendre tout droit en laissant un chemin sur la gauche.

4 On débouche sur un chemin ; prendre à gauche, puis tout de suite descendre au ruisseau par un sentier bordé de murets.

5 Traverser le ruisseau, prendre le chemin de gauche qui monte fortement. On rejoint un autre chemin (que l'on suit jusqu'au point 11). Continuer à monter tout droit.

6 À la sortie de la forêt, longer des terrasses et gagner Courbanges par un large chemin.

7 Traverser la D 36, monter en face un large chemin de terre en laissant le hameau de Courbanges sur la gauche.

8 Laisser tous les chemins de droite et obliquer vers la gauche au travers des pâturages.

9 Juste après le ruisseau de Courbanges, on pénètre en forêt par une allée dégagée.

10 20 m avant la grande allée forestière, prendre un chemin à gauche, traverser l'allée et emprunter en face un large chemin d'exploitation.

11 Quitter le chemin en lisière de la forêt ; prendre à gauche un chemin d'abord herbeux puis empierré.

12 Traverser la D 36 et poursuivre un large chemin en face, toujours en forêt. Devant une clôture, prendre à droite le chemin en sous-bois.

13 Continuer tout droit en lisière du bois. Le chemin décrit un arc de cercle et revient à flanc de coteau.

14 Descendre à droite dans le chemin herbeux.

15 Obliquer à gauche en suivant toujours le chemin au flanc du vallon.

16 À l'entrée du Breuil, tourner à droite. 200 m plus loin, au carrefour, le chemin à gauche mène à la route à proximité du point de départ.

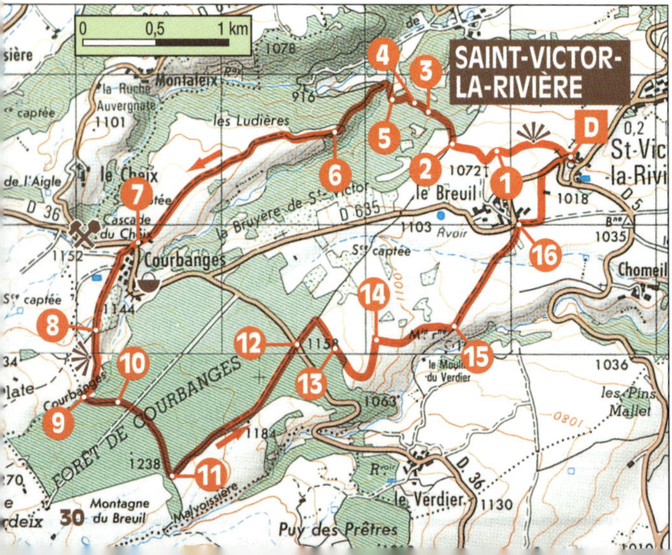

de Courbanges

SAINT-VICTOR-LA-RIVIÈRE

14

Une petite église entourée d'arbres antiques, puis un vieux chemin dans les framboisiers… Le circuit s'élève jusqu'aux toits de chaume ou de lauze de Courbanges puis traverse la forêt du même nom, sur la partie basse d'une planèze piquetée de burons.

Balisage : jaune

3 h 15

10 km

▼ 900 m

▲ 1 226 m

ACCÈS AU DÉPART

À Saint-Victor-la-Rivière, sur le terre-plein au-dessus du cimetière et de l'église.

INTÉRÊTS

Sur la chaîne des Puys, le Sancy et le château de Murol

Église romane remaniée de Saint-Victor • Croix de Pradiaux après D

cascade du Cheix à partir de 7

À proximité :

Producteurs de saint-nectaire fermier à Courbanges

Réserve naturelle de la vallée de Chaudefour

Besse-en-Chandesse

Lac Chambon

Château de Murol

Saint-Victor-la-Rivière

Il n'y a pas de rivière dans cette commune qui expliquerait le nom de Saint-Victor-la-Rivière. Ce qualificatif vient en fait de ribeire, petit terrain plat. Quelques traces d'habitat gallo-romain ont été trouvées près du hameau de Roche-Romaine, mais la première mention du village date de 1096. Il existait alors une église dépendant de Sauxillanges. Cette église devient ensuite, à une époque inconnue, un prieuré de La Chaise-Dieu qui est uni à celui de Saint-Robert de Montferrand en 1347. La paroisse relève de deux seigneuries importantes, celles de Besse et de Murol, sauf Roche-Romaine, qui a un seigneur local, du même nom, connu du XIIIe au XVIe siècle. Cette petite seigneurie se scinde en deux au XVIe siècle avant d'être progressivement absorbée par les deux autres. Saint-Victor s'est donc développé avec les grands défrichements des XIe et XIIe siècles, quand la pression démographique a favorisé l'exploitation de toutes les terres cultivables, notamment de moyenne montagne. Les activités des habitants étaient, comme actuellement, l'élevage bovin et l'exploitation de la forêt.

Saint-Victor-la-Rivière et la forêt de Coubanges sur la gauche. -NI-

Le bourg de Besse. -NI-

AU FIL DU PARCOURS

D Du parking de l'église, à Besse. Suivre « Autres directions » à gauche sur 200 m jusqu'à une grande bâtisse.

1 Prendre à droite le chemin de Pisade ; en bas, continuer à droite entre deux murets. Dans le hameau du Rif, rejoindre à droite la D 149 et la traverser en direction de Thiaulaire.

2 200 m après le carrefour, prendre le chemin à gauche. À la patte-d'oie, monter à droite.

3 Sans entrer dans Thiaulaire, prendre à gauche et pénétrer en sous-bois.

4 Prendre à angle aigu le chemin de droite. Il s'encaisse et descend dans la hêtraie **(AR - 0 h 30 : à gauche vers la cascade de Chiloza)**, vers Ourcière.

5 Traverser le hameau en restant rive droite de la **couze Pavin**, puis tourner à droite sur un large chemin goudronné qui longe le ruisseau de Vaucoux.

6 Continuer en longeant l'autre rive. Traverser le **bois d'Ourcière** puis une pâture.

7 Après avoir franchi un ruisseau à gué, monter une sente peu marquée à gauche en bordure d'un pré. La sente s'enfonce toujours pleine pente en sous-bois, coupe une piste, puis rejoint un pré de fougères pour pénétrer dans des résineux. On retrouve à droite une petite route.

8 Descendre la D 633 sur 1 km.

9 100 m au-dessus de la ferme de Vaucoux, descendre le chemin à droite.

10 Au carrefour, suivre le grand chemin à gauche vers Combes. 150 m après la **chapelle**, bifurquer à droite ; laisser la **ferme de Mauberte** sur la droite.

11 Au carrefour, monter à gauche sur 150 m, puis descendre à droite. Couper la D 149 et prendre le chemin en face. Traverser le parking de Pré de la Ville. Virer à droite derrière le cimetière pour revenir à la place de l'Église.

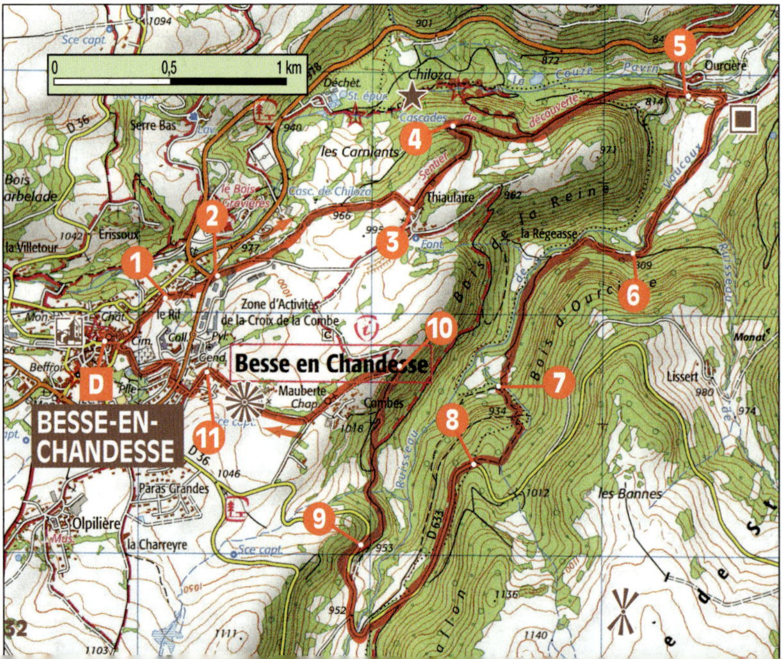

Ourcière

BESSE-ET-ST-ANASTAISE | SAINT-PIERRE-COLAMINE

15

Délaissant les vieilles rues de Besse et la maison de la reine Margot, le chemin descend vers la couze Pavin et le hameau d'Ourcière, remonte le vallon de Vaucoux pour revenir par le bois de la Reine vers la cité médiévale, centre agricole traditionnel doublé d'un centre touristique dynamique.

Les foires de Besse

La première mention de foire à Besse se trouve dans la charte de franchises accordée aux habitants par Bernard VII de La Tour en mai 1270. Des taxes sur les transactions commerciales figurent aussi dans ce texte, notamment sur les animaux, les cuirs, les tissus, les céréales, les pots, les couteaux, les ciseaux, la poix et… les freins ! Au début du XVIe siècle, les marchands de Besse contribuent au ravitaillement de l'armée royale en Italie. En 1506, ils livrent 12 quintaux de fromages. Besse représente le plus grand marché entre la plaine et la montagne à la fin du XVIIIe siècle. En 1806, le rétablissement des foires selon le calendrier grégorien indique huit foires (une par mois entre Pâques et novembre). En 1914, le Grand Almanach d'Auvergne en ajoute trois qu'il place début janvier, à la mi-carême, et le 1er avril (à Vassivière pour cette dernière). À environ 15 km au sud de Besse, il existe d'autres foires aux bestiaux très importantes, celles de Brion, sur la commune de Compains, qui datent peut-être du Moyen Âge.

Balisage : jaune

3 h 15

10 km

▼ 795 m

▲ 1 045 m

ACCÈS AU DÉPART

Du parking de l'église à Besse.

INTÉRÊTS

★ Vallée de la couze Pavin

Sur Besse et le massif des monts Dore

Four à pain à Ourcière • Pont en pierre entre 5 et 6

Église romane de Besse • Chapelle Saint-Roch à Combes

Cité médiévale et Renaissance de Besse (vestiges de fortifications, rue de la Boucherie, hôtels et logis XVe, XVIe et XVIIe s., beffroi)

Musée du Ski à Besse • Maison de l'Eau et de la Pêche, consacrée à l'eau en montagne • Nombreuses animations l'été à Besse.

À proximité :

★ Lac Pavin

★ Vallée de Chaudefour (Réserve naturelle)

Pâturages et troupeau de montbéliardes aux environs de Besse. -NI-

La couze et

AU FIL DU PARCOURS

D Du parking du Pré-Chabrat, à Besse. Se diriger vers le centre-ville par la rue des Consuls. Place A.-Pipet **(maisons médiévales et Renaissance)**, à la **fontaine**, descendre à gauche dans le quartier Saint-Jean. À la rue des Carrières, suivre la rue des Bessous. Prendre la route de la Résistance à gauche ; couper la D 36 pour prendre en face. À l'**ex-maison de l'Eau**, quartier de La Villetour, emprunter le chemin remontant la **couze sur un bourrelet volcanique (source minérale de Fanlade).** 1 km plus loin, le chemin descend à la **fontaine du Dr-Goyon (source minérale salée).** Grimper en sous-bois en surplomb de la rivière et de quelques cascades. Au niveau d'un pré, virer à gauche, passer une chicane pour longer la clôture à main gauche. Franchir un escabeau au-dessus des **cascades**.

1 Passer le pont à droite sur la **couze**, puis descendre à gauche **(échelle de bois, escabeau).** Dans les pacages, contourner le point d'eau pour les vaches avant de continuer entre deux clôtures. À une zone humide, tourner à gauche pour passer dans la **ferme des Sagnes,** puis sur la petite route à droite jusqu'à la D 149.

2 Traverser la D 149 **(circulation rapide)** pour prendre en face. Passer à droite d'un magasin de skis, couper la D 978, puis monter la route en sens interdit.

3 À la **Clef du lac Pavin**, emprunter le sentier faisant le tour à droite. Après les rochers, à la **fourche de la Pierre Carrée**, monter le sentier sous les hêtres à droite **(vue sur le lac)**.

4 Au croisement du Ramier (autre PR jaune à droite), prendre le chemin à gauche. Au **point Sublime (panorama)**, prendre la petite route en face.

5 À 100 m (autre PR jaune en face), 50 m avant une cabane, prendre un chemin à droite entrant, après une clôture, dans les **estives (vue sur le Cézalier)**. Passer deux clôtures, puis au-dessus du **lac de L'Estivadoux**. À la fourche, prendre à droite puis traverser la petite route à gauche.

6 Au carrefour du **puy Majoux**, entrer dans les bois et tourner à gauche. Aux croisements suivants, continuer en face dans les résineux.

7 Au croisement au pied du **puy de Pertuyzat,** tourner sur le chemin à droite. Au nord-est de la **montagne des Fraux, vue sur Besse, le pic Saint-Pierre et au-delà**. À la **ferme de Beauregard**, virer à gauche, puis descendre la petite route à gauche.

8 À 200 m, au lieu-dit La Croix-du-Pendu, descendre le chemin à gauche.

9 Au rond-point, couper la D 978, prendre vers le centre-ville de Besse, passer sous la **porte du Beffroi.** Place Gayme **(fontaine)**, prendre à gauche vers la place de la Mairie **(maison dite de la reine Margot)**, pour retourner au départ.

Hors circuit à La Villetour : sur l'autre rive, petite grotte, maison de l'Abeille et chapelle romane de La Villetour.

Variante en 3 : le chemin du bas fait le tour du lac et rejoint le point 5.

Raccourci de 3 à 5 : par l'autre rive du lac.

Hors Circuit en 6 : vers une vue sur le massif du Sancy, les puys de Pertuyzat et de Dôme.

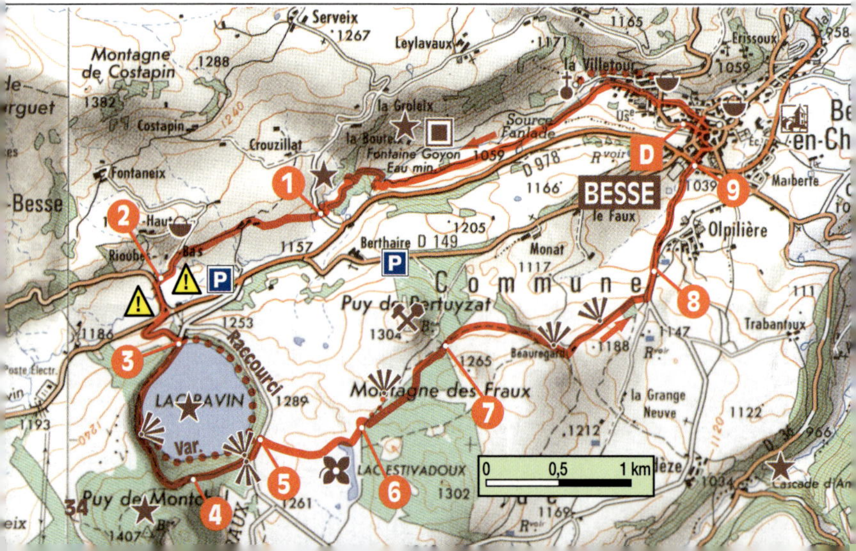

le lac Pavin

16

BESSE-ET-SAINT-ANASTAISE

Sur l'épicentre touristique Besse-Pavin, cette balade propose une sympathique compilation « rivière-lac-forêt-puys » dans le secteur volcanique le plus jeune de la région.

Balisage : jaune

3 h 30

11 km

▼ 1018 m

▲ 1300 m

Dénivelée 323 m

ATTENTION : troupeaux en estives, chiens déconseillés même tenus en laisse.

ACCÈS AU DÉPART

Suivre la D 36 en direction du Mont-Dore.
Autre Départ Possible : du parking du lac Pavin.

INTÉRÊTS

Besse

Chapelle de La Villetour

Fontaine Goyon.

À proximité :

★ Cascade d'Anglard • Puy de Montchal • Cascades de Chiloza • Puy et lac de Montcineyre

⚒ gouffre du creux de Soucy dans la forêt des Fraux • Grottes de Jonas et pic Saint-Pierre

Pavin, le beau ténébreux

Un œil sombre d'une remarquable profondeur (96 m d'eau), une couronne de sapins et de légendes, un nom de lieux maudits (pavens, l'épouvantable ?), ainsi se présente le magnifique Pavin, un lac installé dans le plus jeune volcan de France métropolitaine, âgé seulement de 7 000 ans BP. Le volcan du Pavin est né de la rencontre détonante entre du magma brûlant et de l'eau. La vaporisation instantanée de l'eau a généré une série d'explosions violentes qui ont ouvert une bouche circulaire d'1 km de diamètre. Un tel cratère d'explosion, à l'aplomb d'une large cheminée et cerné d'un bourrelet de débris, constitue un volcan appelé maar. Quand le magma s'est tari, l'eau a envahi la béance et créé le lac. Ses eaux profondes et fraîches captivent les pêcheurs d'ombles chevaliers et les plongeurs sous la glace, tandis que les scientifiques découvrent d'étranges mécanismes microbiens d'oxydation du méthane dans les ténèbres du fond, privées d'oxygène.

Le lac Pavin. -NI-

Le lac

BESSE-ET-SAINT-ANASTAISE

AU FIL DU PARCOURS

D Du cimetière, prendre la rue à droite puis le chemin qui descend en lacet (passer devant une **chapelle**).

1 Traverser la D 127. En face, dans le hameau de Larzallier, à gauche après la deuxième maison, un chemin conduit à Lignerolles.

2 À Lignerolles, tourner à gauche devant la première maison. Prendre un chemin en face, traverser la route et monter par un large chemin.

3 Franchir un ru, remonter dans les bois par le chemin du milieu et franchir une clôture. Longer les clôtures et traverser des pâturages.

4 Emprunter la route à gauche sur 150 m, puis prendre à droite en lisière du bois en suivant la clôture.

5 Suivre, dans le pâturage, une trace parallèle à la lisière du bois. Se diriger vers un **buron**.

6 Au buron, prendre le chemin qui descend dans la forêt.

7 On rejoint la route. L'emprunter à droite sur 350 m.

8 **(Raccourci non balisé vers le point 19, tout droit.)** Prendre à droite un chemin à travers pâturages. Il se termine à une clôture : la longer par la droite.

9 Traverser Champs et suivre un large chemin qui mène à la hêtraie.

10 Descendre à gauche en suivant la clôture. Puis prendre à gauche un chemin et franchir un ruisseau.

11 Traverser la D 127. Monter par le chemin en face.

12 Traverser Anglard. À la sortie du village, emprunter en face la large piste jusqu'à une patte-d'oie. Prendre le chemin de droite.

13 Traverser la route, prendre le chemin en face.

14 Retraverser la route et se diriger vers le **lac de Bourdouze**. Le contourner par la gauche.

15 À l'exutoire du **lac**, à gauche une trace peu visible dans la plantation. Longer la clôture à gauche.

16 Monter à gauche à angle droit, atteindre une **ruine**, tourner à droite dans un vieux chemin.

17 Traverser un pâturage dans le prolongement direct du chemin. On retrouve le chemin en face, légèrement à droite, à l'angle d'une clôture.

18 Déboucher dans un bon chemin que l'on emprunte à droite, puis à gauche.

19 Suivre la D 26E à droite, puis emprunter à gauche la coursière qui descend au hameau. Dans Les Chirouzes, prendre à gauche à la deuxième ferme.

20 Suivre le chemin, passer un calvaire sur la gauche.

21 Prendre ensuite un chemin descendant sur la gauche. Le suivre jusqu'à une épingle à cheveux et revenir au départ.

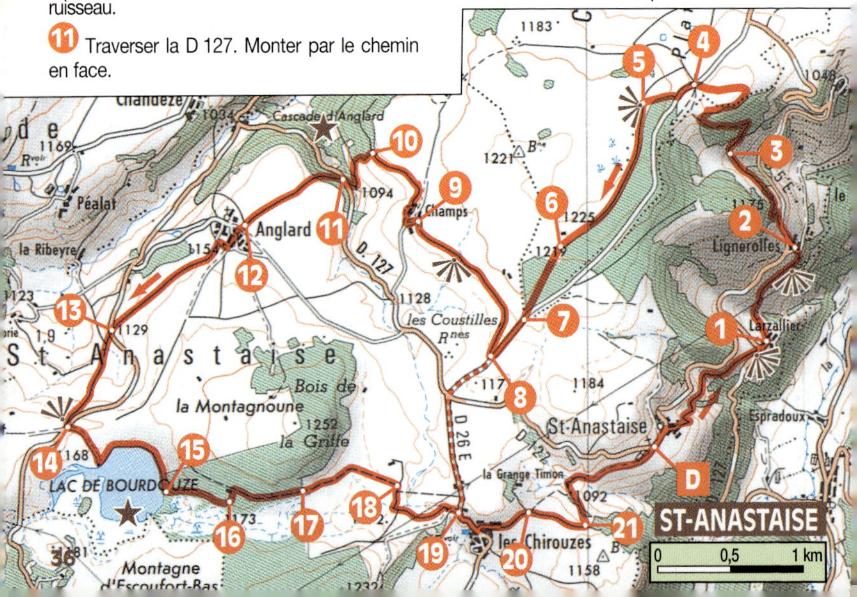

de Bourdouze

SAINT-PIERRE-COLAMINE

17

Entre pays bessard, région des couzes et Cézalier, l'itinéraire suit la vallée en auge de Valbeleix avant d'atteindre le plateau. Au sein des pâturages, on aborde la nappe liquide de Bourdouze, dont la rive sud est bordée de tourbières.

Balisage : vert

5 h 30

18 km

▼ 948 m

▲ 1 225 m

ATTENTION : troupeaux en estives, **chiens déconseillés** même tenus en laisse.

Le lac de Bourdouze

Bourdouze signifie boueux, vaseux. Profitant d'une dépression d'origine glaciaire, un lac s'est installé dans ce lieu solitaire. Il est aujourd'hui partiellement comblé par une tourbière. Autrefois, sa superficie était plus importante, notamment en direction du village des Chirouzes. En longeant la tourbière en août, on pourra observer la ligulaire de Sibérie, qui, avec ses grands épis de petites fleurs jaunes, ne peut être confondue. Cette plante, rare et protégée en France, se rencontre plutôt en Europe de l'Est. C'est une espèce relique de l'époque glaciaire qui ne s'est conservée que par îlots, dans les habitats froids et humides comme les tourbières de montagne. En cheminant en direction du lac de Bourdouze, on remarque la forme intacte du volcan de Montcineyre, qui fut l'un des derniers édifices volcaniques à se manifester il y a environ 6 000 ans.

ACCÈS AU DÉPART

Devant le cimetière de Saint-Anastaise, sur la D 127, entre Besse et Valbeleix.

INTÉRÊTS

★ Lac de tourbière de Bourdouze • Vallée du Valbeleix

Sur Valbeleix et le massif du Sancy

Chapelle d'Anglard • Croix du XVIIe s. en D

À proximité :

★ Cascade d'Anglard • Lac Pavin

Besse

Lac de Bourdouze. -Crédit photo : couv III-

La chapelle

D **De la Maison du Tourisme de Super-Besse**, monter vers la **tour de la Biche**. Passer au pied de celle-ci à gauche puis serrer à droite et suivre un chemin en sous-bois. Continuer jusqu'au bout vers un **centre de vacances.**

1 À la cabane en bois, monter le chemin à gauche sous le **puy de Chambourguet**. Gagner le plateau dit **«La plaine des Moutons»**. Suivre un sentier herbeux puis entre les barrières pare-neige. Rejoindre l'arrivée du **télésiège de La Falaise**. Continuer le chemin.

2 Passer sous la télécabine, puis sous d'autres remontées mécaniques. Après des téléskis, descendre un chemin à gauche, et rejoindre la **Croix de Seignavoux**.

3 Franchir un escabeau et descendre une sente en prairie. Franchir une clôture et longer un amoncellement de pierres. On longe ensuite une plantation en contrebas.

4 Franchir une autre clôture, obliquer à gauche, suivre les barbelés pour arriver à un bosquet. Le contourner par la droite et descendre vers une ruine.

5 Emprunter la route à gauche sur 300 m, puis tourner à droite et descendre un chemin forestier. Il vire à droite, puis à gauche et franchit trois passerelles.

6 Suivre la route à gauche jusqu'au carrefour routier. Là, monter à gauche à la **chapelle de Vassivière**.

7 Prendre à gauche sous la chapelle et descendre en prairie dans le vallon. En bas, au ruisseau franchir une clôture et remonter un chemin à droite. Au bout, suivre à droite la route sur 100 m et tourner à gauche sur un chemin. Le suivre en direction de la station. Longer le bas des pistes et revenir jusqu'à la **Maison du Tourisme.**

AU FIL DU PARCOURS

De gauche à droite : petit oratoire près de la chapelle de Vassivière, connue pour sa Vierge noire apportée chaque 2 juillet depuis Besse à travers les pâturages, en même temps que la montée des troupeaux aux estives. -VT-

de Vassivière

18

BESSE-ET-SAINT-ANASTAISE

Contrepoint moderne à la cité médiévale de Besse, distante de quelques lieues, Super-Besse se présente dans le cirque glaciaire de la Biche comme un petit coin d'Alpes en Auvergne. L'itinéraire explore le site avant d'atteindre la chapelle de Vassivière, haut lieu de pèlerinage estival.

Balisage : jaune

3 h 30

11,5 km

▼ 1 208 m

▲ 1 554 m

ATTENTION : troupeaux en estives, **chiens déconseillés** même tenus en laisse.

ACCÈS AU DÉPART

De la station de Super-Besse. Parking possible près du caravaneige.

INTÉRÊTS

★ Plaine des moutons • Puy de Paillaret

Panorama de la croix de Seignavoux

Chapelle Notre-Dame-de Vassivière.

Vente de fromage à la ferme des Ribages au point 6

Naissance d'une station

Dès 1902, le curé de Besse fit venir d'Allemagne deux paires de skis et un manuel d'apprentissage. Il voyait là un mode de déplacement hivernal. Mais le ski fut rarement employé comme tel par la population, à l'exception du médecin et du facteur. Le ski devint essentiellement un loisir. Les premières paires étaient en frêne, principal bois d'œuvre des montagnes auvergnates. Les premières remontées mécaniques (un téléphérique et deux téléskis) furent construites en 1937 au pied du Sancy, au-dessus de la ville du Mont-Dore, accessible par le train depuis Paris. Après la Seconde Guerre mondiale, l'essor ne reprit qu'en 1955. C'est à cette époque que le cirque de la Biche, protégé des vents d'ouest et des vents du nord –redoutables en hiver –, fut choisi pour implanter Super-Besse, inaugurée en 1961. Aujourd'hui, cette station d'hiver et d'été draine à la fois une partie de la clientèle des Alpes et un public très local. Ces dernières années, Super-Besse a dû s'agrandir pour recevoir les skieurs de fond, et proposer des équipements et des activités modernes (surf des neiges en particulier). La station de Super-Besse a été classée première station du Massif central en septembre 2015 par le magazine des professionnels de la montagne « Montagne Leaders ».

Super-Besse, la station. -NI-

Auberge du Taraffet à Chareire, départ de la balade. -NI-

AU FIL DU PARCOURS

D Du parking, prendre la route devant l'auberge puis au carrefour virer à droite. Après les maisons prendre un chemin à droite direction La Morangie. Plus loin suivre un sentier à gauche qui descend légèrement et traverse une clairière humide avant d'entrer de nouveau en sous-bois.

1 Au carrefour de voies forestières, suivre celle d'en face jusqu'au **pont sur la Tarentaine**.

2 Dépasser une ferme, traverser la route et la quitter à droite avant le pont pour monter derrière le hameau de La Morangie. Prendre ensuite à gauche un large chemin en balcon qui monte dans une hêtraie et en prairie puis replonge en sous-bois. Le suivre sur plus de 2,5 km.

3 On débouche en bordure de la **vallée de la Fontaine Salée**. Le chemin monte en lacet jusqu'à la **Montagne Haute**. À la première clôture, prendre direction nord-est en traversant un **éboulis vers le puy Gros**.

4 Au pied du **puy Gros**, virer à droite dans le vallon. Décrire une grande courbe en remontant, pour longer le pied du **puy de Paillaret** en passant à droite d'une mare.

5 Peu après une barrière, au pied d'un éboulis, on retrouve un chemin qui descend vers les **burons de La Geneste**.

6 Emprunter la route à droite. Après 800 m virer sur un sentier à gauche en surplomb de la route.

7 Au panneau « Escudor », laisser le balisage vert, suivre la route en descente direction Chareire. 100 m après le virage, tourner sur un chemin à gauche (panneau jaune et rond jaune) et de suite sur un autre à droite. Le suivre toujours en face d'abord dans la hêtraie puis entre prairies et rejoindre Chareire.

La Fontaine Salée

19

PICHERANDE

Façonnée, comme la vallée de Chaudefour, par les phénomènes glaciaires, la vallée de la Fontaine Salée offre des paysages moins tourmentés mais tout aussi grandioses. Le décor n'est pas ici chaotique ou déchiqueté, mais il s'impose par ses dimensions et la majesté de ses étendues pastorales.

Une réserve de beautés naturelles

De Picherande à Chareire, le sentier traverse des zones de prairies. Avec des précipitations importantes et des sols développés sur d'anciennes coulées de lave, une herbe de très bonne qualité pousse ici en abondance. Au printemps, ce paysage verdoyant est souvent parsemé de jonquilles. Après La Morangie, la vue s'ouvre sur la vallée de la Fontaine Salée, au relief plus doux et plus ouvert que les autres cirques glaciaires du massif. L'origine glaciaire est marquée par de nombreux blocs morainiques qui, posés à l'entrée de la vallée, semblent garder ce sanctuaire naturel. Le fond de la vallée se partage entre une tourbière et des pâturages d'estive, tandis que la hêtraie recouvre les pentes les moins accessibles. Soumis à des conditions climatiques rudes, les hêtres présentent des troncs noueux, des silhouettes plus ramassées. Dominant la vallée, le puy de Sancy montre ici sa face sud, moins connue, ornée de belles orgues de sancyite. Le chemin s'élève ensuite en direction du puy Gros, à travers les pâturages pour bifurquer vers le puy de Paillaret. Le circuit longe le flanc sud-ouest de ce dôme, recouvert d'un tablier d'éboulis. Celui-ci date du Tardiglaciaire, qui a succédé à la dernière période glaciaire, le Würm. C'est l'alternance du gel et du dégel qui a contribué à éroder les parois rocheuses. En effet, l'eau qui pénètre dans les fissures les élargit sous l'effet de sa dilatation par le gel. En se répétant, ce phénomène aboutit à la rupture de la roche et à la formation d'un éboulis.

Balisage : vert de D à 7 ; panneau et rond jaunes de 7 à D

4 h 30

14,5 km

▼ 1 160 m

▲ 1 640 m

Dénivelée 550 m

ATTENTION : chiens interdits dans la Réserve naturelle nationale de Chastreix-Sancy.

ACCÈS AU DÉPART

Sur la D 149 entre Picherande et Super-Besse. Parking vers l'auberge du Taraffet à Chareire.

INTÉRÊTS

★ Vallée de la Fontaine Salée

✳ en 3, entre 5 et 7, vues sur le Sancy, l'Artense et le Cézalier

▣ Fermes d'altitude et burons

✖ Mouflons et marmottes

À proximité :

✖ Tourbière du bois de Gayme

★ Lac Chauvet • Cascade de la Barthe

Vaches à l'estive au pied du Pailleret. -NI-

Au printemps, les narcisses parsèment les champs. -NI-

AU FIL DU PARCOURS

D Emprunter la petite route et traverser Ravel-Haut.

1 Poursuivre la route, à droite, qui dessert plusieurs fermes.

2 À la patte-d'oie, rester à droite. La route devient chemin et suit le fond de vallée.

3 Franchir le **ruisseau d'Escudor**, passer une clôture et remonter à gauche en longeant le **ruisseau de Neuffonds**.

4 Monter à gauche par une sente raide en direction de la **cascade de La Barthe**.

5 On débouche sur les pâturages. Traverser la passerelle au-dessus de la **cascade de La Barthe**. Franchir une clôture et prendre à droite le long d'une plantation d'épicéas.

6 On débouche sur une petite route ; la suivre à droite.

7 Continuer à droite jusqu'à la D 203. La suivre sur 1,4 km à droite.

8 À hauteur d'une aire de pique-nique, prendre à gauche la sente surplombant la route.

9 Rejoindre la route privée qui mène au **lac Chauvet**. Suivre celle-ci à gauche.

10 **(Hors circuit le long du lac, jusqu'au point de vue, à 700 m. AR : 30 mn).** À hauteur de la buvette, prendre à droite puis à la patte-d'oie à droite un large chemin qui sort bientôt en lisière de la **forêt de Montber**t.

11 Au croisement, laisser à droite le chemin qui descend sur Chevanel. Continuer en face une trace qui s'affirme puis, bordée d'un muret à droite, devient ruisseau.

12 Dépasser la route pour descendre à droite devant la première maison de La Chaux, puis continuer jusqu'au village de Grouffaud.

13 Dans le hameau, bifurquer à droite devant une maison au toit de chaume et suivre la D 128 à droite.

14 Croisement avec la D 614 ; continuer en face dans le chemin.

15 Croisement de chemins. Tourner à droite dans le plus large, passer devant une ferme. Descendre doucement vers le **ruisseau de Neuffonds** avant le retour à Ravel.

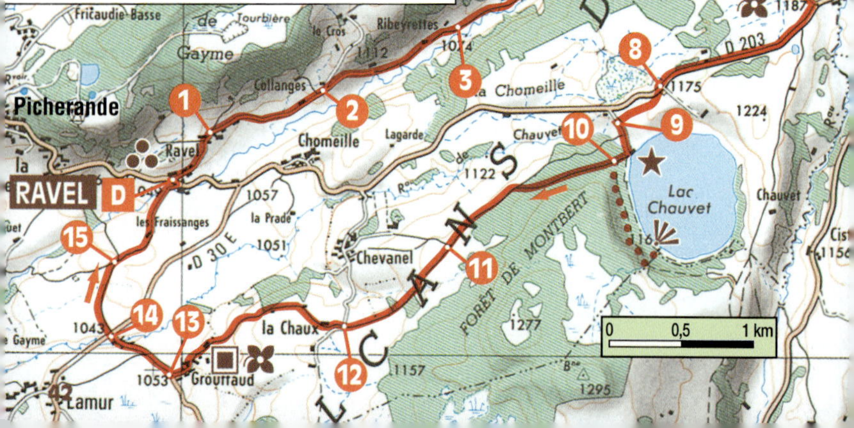

Le lac Chauvet

PICHERANDE

20

Balisage : vert

4 h 00

13 km

▼ 1 043 m

▲ 1 195 m

Depuis Ravel, le circuit remonte à flanc de vallon du ruisseau de Neuffonds, atteint la zone des pâturages et traverse le ruisseau au-dessus de la cascade de La Barthe. Après Pont-de-Clamouze, le lac Chauvet remplit un large lac de cratère, dans l'épaisse ceinture de la forêt de Montbert.

ACCÈS AU DÉPART

Sur la D 203 au lieu-dit Ravel, 1,5 km avant Picherande en venant de Besse.

INTÉRÊTS

★ Cascade de La Barthe en 5 • Lac Chauvet avant 10

Tourbières entre les points 6 et 8

Sur les massifs du Sancy et du Cantal • Sur le lac Chauvet (hors circuit)

Ruines du château de Ravel

Toit de chaume à Grouffaud.

Le lac Chauvet

Il rappelle d'autres lacs du Massif central, comme celui du Bouchet dans le Devès, de Saint-Front dans le haut Vivarais, le gour de Tazenat au nord de la chaîne des Puys, ou plus proches, le lac Pavin et celui d'En-haut à La Godivelle. Ronds avec des bordures relevées, ils sont relativement profonds. De leur origine dépend leur forme. Ces lacs se sont installés dans des édifices volcaniques, que l'on appelle des maars : lorsqu'en remontant le magma rencontre de l'eau, de très violentes explosions de vapeur pulvérisent les roches en place et provoquent la formation d'une ouverture circulaire. Tout autour se déposent les produits de l'explosion, mélange de lave et de roches arrachées issues de formations géologiques antérieures. Sur les édifices les plus anciens, ce relief extérieur est adouci par l'érosion, comme au lac Chauvet *(photo ci-dessous)*.

-NI-

Maison du tourisme et de la Réserve naturelle de Chastreix-Sancy à Chastreix. -NI-

Le roc

AU FIL DU PARCOURS

D À hauteur de la **Maison de la Réserve naturelle** aller en face dir. les Fumades. contourner la **croix** et descendre le sentier à droite **(vue sur massif du Sancy)**. Gagner la route à suivre à gauche. Laisser un chemin à droite et à la fourche prendre dir. Reboisson.

1 Au car. continuer la route en face et tout droit **(vue sur roc de Courlande)**.

2 En bout de route vers des **fermes** aller en face sur chemin. Descendre, traverser le pont sur le **ruisseau** et remonter entre prairies et sous-bois.

3 Au car. **Source de la Franchette (déviation)** monter en face dir. Pédaire. Traverser la hêtraie et rejoindre une large piste **(vue sur les puys Gros et Paillaret)**. La couper et monter sentier en face dir. Chastreix Sancy.

4 Au car. aller à gauche dir. Chastreix Sancy. D'abord un peu sous-bois, continuer en prairie face **roc de Courlande**. Le sentier vire à gauche, franchit un escabeau et rejoint un portillon près de la route.

5 Monter à droite vers **roc de Courlande**. Par le sentier principal gagner le sommet **(panorama 360°, station Chastreix-Sancy, banne d'Ordanche, sommet Sancy, Cézallier, monts du Cantal, l'Artense, les Monédières et Millevaches)**. Redescendre en passant par les **statues**. De retour en 5, prendre à droite et suivre route à gauche.

6 Dans le 2e virage suivre un chemin à droite dir. Rasas, puis dir. Baffaud. Descendre 150 m en lisière de forêt.

7 Face au chemin qui sort du bois, suivre le 1er chemin herbeux à gauche en prairie. Tout droit **(vue sur mts du Cantal)**, franchir un portillon. En bout franchir un autre portillon et descendre chemin en face. Après un virage virer sur sentier à droite.

8 À Baffaud suivre route à droite dir. Vessaire sur 50 m puis virer à gauche entre maisons et sur chemin. Au car. Vessaire prendre Chastreix par la droite. Le sentier rejoint la route à suivre à droite sous **chalets de Lessard**.

9 30 m avant le car. routier, passer un portillon à gauche, longer un hangar et descendre le chemin, et remonter à Chastreix.

ATTENTION : accès au sommet du roc de Courlande raide et caillouteux. **Prudence** au sommet, à pic.
- Entre 3 et 5 de l'itinéraire, un tracé provisoire a été mis en place. Sur place des panneaux d'information. Suivre la signalétique de la déviation entre juin et octobre. En dehors de cette période suivre l'itinéraire normal en pointillé sur la carte.
- Traversée de prairies d'estive, **ne pas randonner avec un chien.**

de Courlande

CHASTREIX

21

En remontant la vallée, on remarque l'habitat dispersé en hameaux ou en fermes isolées. Quelques fermes traditionnelles sont encore présentes. Constituées d'un seul grand bâtiment, tout en longueur, elles sont recouvertes d'ardoises, avec parfois des parties en lauzes (grandes pierres plates d'origine volcanique)

Notre-Dame-de-la-Salette

Vers 1950, le curé de Chastreix partit en pèlerinage dans les Alpes, à Notre-Dame-de-la-Salette exactement, où l'on commémore en pleine montagne l'apparition de la Vierge à de jeunes bergers au siècle dernier. Voilà un site, pensa-t-il alors, qui ressemble étrangement à notre roc de Courlande. Et tout naturellement, l'idée lui vint de dédier sa montagne à la Vierge des Alpes. Une croix fut bientôt plantée au sommet du roc, on installa des statues sur le chemin d'accès, et l'extraordinaire popularité et la dévotion mariale en Auvergne fit le reste. Pendant plus de quarante ans, chaque troisième dimanche de juillet, on montait à Courlande rendre hommage à Notre-Dame-de-la-Salette, et faire bénir les enfants en souvenir des petits pâtres des Alpes, ainsi que les troupeaux de vaches à l'estive.

Le roc de Courlande dédié à la vierge Marie. Une des 3 statues de la Vierge est positionnée le long du parcours menant à la croix au sommet. -NI-

Balisage : panneaux directionnels jaune

4 h 00

12 km

▼ 1050 m

▲ 1496 m

Dénivelée 570 m

ACCÈS AU DÉPART

Parking place de l'église à Chastreix.

INTÉRÊTS

Chastreix : maison du Tourisme et de la Réserve naturelle de Chastreix-Sancy • Église gothique avec porche trilobé

Panorama 360° du roc de Courlande

Ferme avec toiture recouverte de lauze

À proximité :

Vierge de Natzy à La Tour-d'Auvergne et plan d'eau

Vallée de la Fontaine Salée (Réserve naturelle) • Lac Chauvet d'origine volcanique

La Tour-d'Auvergne et jonquille printanière (dte). -NI-

Notre-

AU FIL DU PARCOURS

D Du parking venir en **bordure du lac** et suivre le chemin aménagé à droite. En bout prendre à droite entre maisons et de suite monter un escalier à gauche puis la route à gauche. Couper la D 203 et monter sentier en face dir. **Notre-Dame-de-Natzy**. Vers une **croix** monter à droite et gagner la **vierge de Natzy, panorama 360°, La Tour-d'Auvergne, massif du Sancy, monts du Cantal, l'Artense, plateau de Millevaches**. Redescendre et prendre à droite.

1 Au carrefour **(raccourci à droite dir. Grange Haute, balisage bleu)**, prendre à gauche puis la route à droite. Vers la **stèle du maquis d'Auvergne** suivre chemin à droite. Plus loin franchir une passerelle : **ruisseau de Pissols**, et gagner la route.

2 La suivre dir. La Roche en traversant Pissols **(grande ferme)**. Au car. à 500 m continuer à droite et juste après prendre chemin de gauche. Le suivre tout droit **(vue Sancy, Cantal)** puis il vire à droite et gagne une **ancienne et nouvelle ferme** puis la route.

3 Suivre D 129 à droite qui contourne Féreyrolles, passer le **ruisseau** et rester sur D 129.

4 Au croisement de La Roche emprunter en face un chemin en contrebas de la route. Passer le ruisseau, couper D 129 et suivre chemin en face. Toujours en face et gagner un croisement.

5 Aller dir. La Tour d'Auvergne **(vue sur massif Sancy et roc de Courlande)**. Laisser 2 routes à gauche et suivre la 3e dir. foirail. Au foirail **(vue sur Sancy)**, laisser dir. Centre Bourg et descendre à gauche **(belle maison et toit en lauze)**. Place de l'**Église** couper la route et descendre rue à gauche en contrebas. À la **fontaine** rester à gauche et à droite revenir au parking.

Dame-de-Natzy 22

LA TOUR-D'AUVERGNE

Au Xe siècle, la baronnie de La Tour-d'Auvergne se crée autour d'une forteresse qui se dote peu à peu de deux enceintes et de quatre tours. D'une vaste étendue géographique, elle contrôle des points de passage entre la vallée de la Dordogne et le massif du Sancy.

La reine Margot

Marguerite de Valois (1553-1615) était la petite-fille de François 1er par son père. Elle était aussi petite-fille de Madeleine de La Tour-d'Auvergne, par sa mère Catherine de Médicis, reine de France et épouse d'Henri II. Peu avant la terrible nuit de la Saint-Barthélemy, le 23 août 1572, Marguerite de Valois, catholique fervente, épouse le huguenot Henri de Navarre, futur Henri IV. Suite à ces tragiques événements, elle doit se séparer de son mari et s'exiler. C'est en Auvergne qu'elle va résider pendant dix-neuf ans. Après ce temps d'exil, elle revient à la cour à Paris en 1605. Un an plus tard, elle reprendra possession du château de la Tour, ainsi que de terres auvergnates. Le *« bois de la reine »* situé sur la commune de La Tour-d'Auvergne, ainsi que le *« chemin de la reine Marguerite »* témoignent de l'attachement de la population à la reine Margot.

Balisage : bleu D à 1, avant 5 à D ; panneaux directionnels jaune de 1 à avant 5

2 h 45

9,5 km

▼ 940 m

▲ 1 088 m

Dénivelée 280 m

ACCÈS AU DÉPART

Parking au-dessus du plan d'eau, et des terrains de sport.

INTÉRÊTS

La Tour-d'Auvergne : plan d'eau • Grande bâtisse recouverte en lauze • Ancien foirail

Panorama depuis Notre-Dame-de-Natzy

Pâturages et élevage bovin

À proximité :

Église romane de Saint-Pardoux

Roc de Courlande à Chastreix

Réserve naturelle de Chastreix-Sancy

De gauche à droite : Notre-Dame-de-Natzy et le lac de La Tour-d'Auvergne. -NI-

Également disponibles en librairies

Flashez ce code pour accéder à notre catalogue

Chamina
EDITION

2 rue du Colombier - ZA Les Vignettes - 63400 Chamalières

Tél. 04 73 92 81 44

info@chamina.com - **www.chamina.com**

Dépôt légal : juillet 2016

DANGER
LE PHOTOCOPILLAGE TUE LE LIVRE

Tous droits de traduction, de reproduction et d'adaptation réservés pour tous pays.

Responsabilités : les indications fournies dans le présent ouvrage : itinéraires, hébergements, ressources, sont exactes au moment de son édition. Les modifications pouvant intervenir par la suite sur le terrain ne pourraient en aucun cas engager la responsabilité des auteurs ni celle de Chamina Édition. Il en est de même pour les accidents de toute nature pouvant survenir aux utilisateurs lors de leurs randonnées. Néanmoins toutes remarques ou observations qui seraient formulées seront examinées avec attention.